Cahier 6e

Sommaire

W0367278

ISBN : 978-2-210-11578-1

Certifié PEFC
Ce produit est issu de forêts gérées durablement et de sources contrôlées
PEFC/18-31-264
www.pefc-france.org

Achevé d'imprimer en avril 2021
par «La Tipografica Varese Srl» en Italie
N° éditeur : MAGSI20201089
Dépôt légal : avril 2021

IMPRIM'VERT
Votre imprimeur agit pour l'environnement

Comprendre les nombres entiers et décimaux

N1

Numération

1 Dans cet exercice :

- Écris chaque nombre décimal sous la forme d'une fraction décimale.
- Colorie l'aire correspondant au nombre décimal indiqué, sachant qu'un carré représente une unité.

a. $0,8 = \frac{\dots\dots}{\dots\dots}$

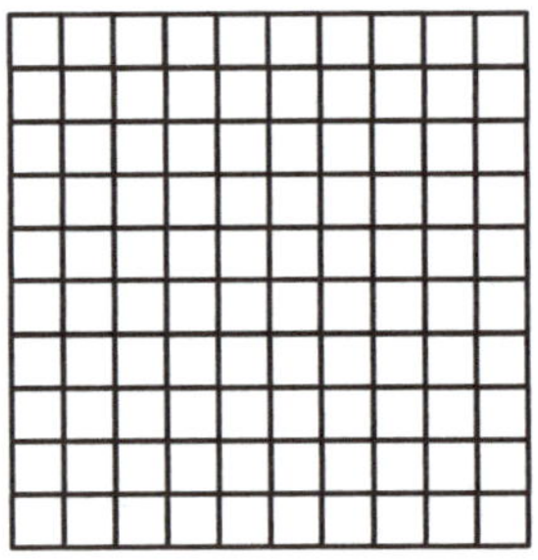

b. $0,63 = \frac{\dots\dots}{\dots\dots}$

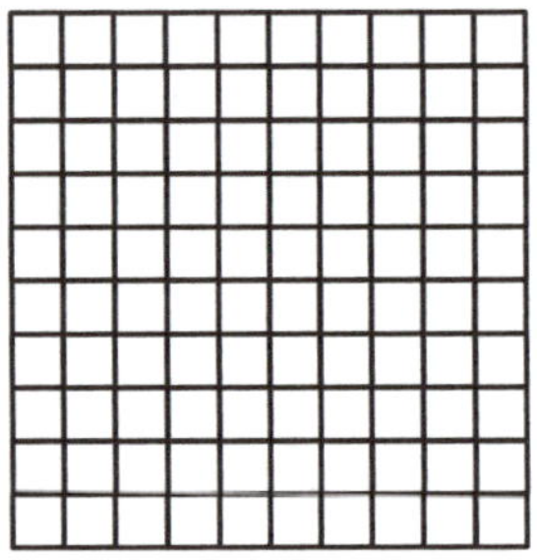

c. $0,89 = \frac{\dots\dots}{\dots\dots}$

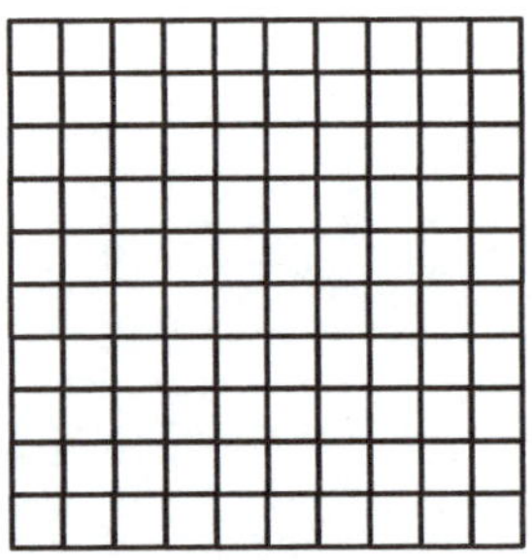

d. $1,6 = \frac{\dots\dots}{\dots\dots}$

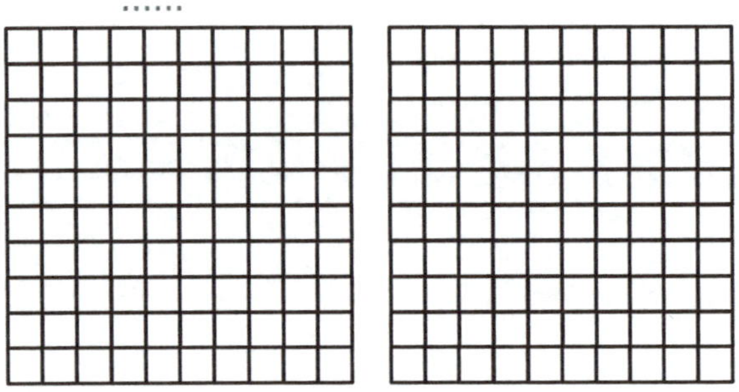

e. $1,23 = \frac{\dots\dots}{\dots\dots}$

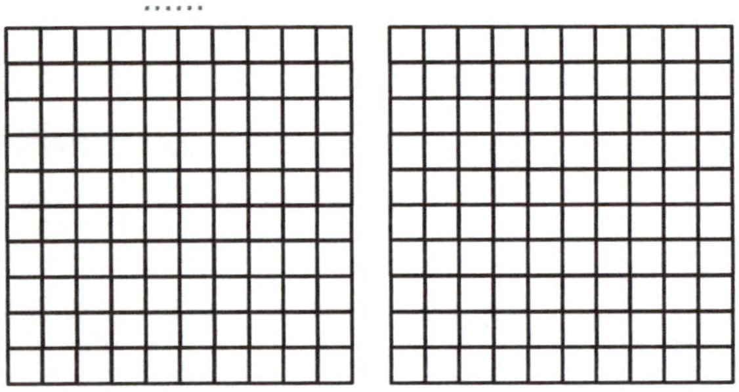

f. $2,74 = \frac{\dots\dots}{\dots\dots}$

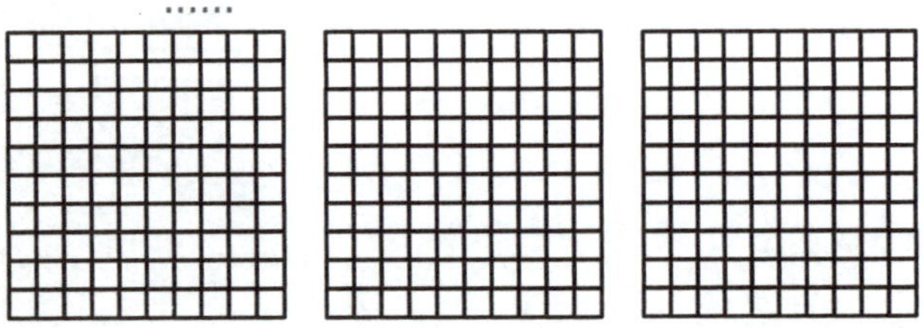

2 Entoure les expressions égales à 7,34.

$\frac{734}{100}$ $7 + \frac{34}{10}$ $7 + \frac{34}{100}$ $\frac{734}{1\,000}$

$7 + \frac{3}{10} + \frac{4}{100}$ $73 + \frac{4}{100}$

3 Complète le tableau suivant en prenant modèle sur la première ligne.

	2,54	$2 + \frac{54}{100}$	$2 + \frac{5}{10} + \frac{4}{100}$
a.	12,3	....	....
b.	....	$4 + \frac{32}{100}$	....
c.	....	....	$12 + \frac{2}{10} + \frac{4}{100}$
d.	0,72	....	....
e.	....	....	$7 + \frac{8}{100} + \frac{2}{1\,000}$

4 Complète le tableau suivant.

Fraction décimale	Chiffre des dizaines	Chiffre des unités	Chiffre des dixièmes	Chiffre des centièmes	Chiffre des millièmes	Nombre décimal
$\frac{16}{10}$	....	....	....	....	....	....
$\frac{95}{100}$	....	....	....	....	....	....
....	....	....	....	....	....	36,4
....	....	....	....	....	....	8,261
....	....	....	....	....	....	17,050

5 Décompose les nombres suivants comme dans l'exemple ci-dessous.

Exemple : 4 018,82 =
$(4 \times 1\,000) + (1 \times 10) + 8 + (8 \times 0,1) + (2 \times 0,01)$

a. 4 142,782 = ...

....

b. 0,037 = ...

....

c. 103,0005 = ...

....

6 Écris les nombres suivants sous forme décimale.

a. $(3 \times 100) + (7 \times 10) + 1 + 0{,}06 =$ ……………………

b. $0{,}07 + 0{,}6 + 0{,}009 =$ ……………………

c. $A = (5 \times 1) + (4 \times 1\,000) + 0{,}2 + 0{,}007$
$A =$ ……………………

7 Donne l'écriture décimale des nombres suivants.

a. $\frac{2}{10} + \frac{35}{1\,000} =$ ……………………

b. $\frac{53}{100} + \frac{984}{10} =$ ……………………

c. $\frac{45}{1\,000} + \frac{36}{10} + \frac{87}{100} =$ ……………………

8 Dans le nombre 84,375 :

a. le chiffre des dixièmes est : ……………………

b. le chiffre des unités est : ……………………

c. le chiffre des millièmes est : ……………………

d. le chiffre des centaines est : ……………………

9 **Devinette !**

Je suis un nombre décimal à quatre chiffres.
Mon chiffre des dixièmes est 7.
Mon chiffre des centaines est 5.
Mon chiffre des unités est 3.
Mon chiffre des dizaines est le double de mon chiffre des unités.
Qui suis-je ?

……………………

10 **Devinette ! (bis)**

Trouve le nombre décimal à 6 chiffres tel que :

- son chiffre des unités est le quart de celui des centaines.
- son chiffre des dizaines est 1.
- l'un de ses chiffres est 4 et sa valeur dans l'écriture décimale est mille fois plus petite que celle du chiffre 1.
- ce nombre est compris entre 4 589,07 et 5 321,98.
- la somme de tous ses chiffres est égale à 22.

……………………

11 **Nombres croisés**

Complète la grille ci-dessous, à l'aide des nombres que tu trouveras grâce aux définitions.

Horizontalement :

A. $(6 \times 10) + (7 \times 10\,000) + (4 \times 100) + (3 \times 1)$
B. Entier qui suit 8.
Entier qui précède 721,3.
C. Nombre de dixièmes dans 3,4.
Ce nombre est dans la table de 3.
D. Entier compris entre 1 060 et 1 450.
E. Ce nombre est constitué de chiffres pairs.

Verticalement :

I. La somme des chiffres est 20.
II. Chiffre des centièmes de 6,5.
Son chiffre des unités est le double du chiffre des centaines et ce nombre est compris entre 300 et 420.
III. Nombre de dizaines dans 475,2.
Partie décimale de $\frac{3156}{100}$.
IV. Six cent vingt-et-une centaines.
V. Nombre impair.
Chiffre qui a 100 fois plus de valeur que 9 dans 654,398.

	I.	II.	III.	IV.	V.
A					
B		■			
C			■		
D					■
E	■				

Série 2 Multiplication par 10, 100, 1 000

1 Calcule mentalement.

a. 3,7 × 10 = ...

b. 7,06 × 10 = ...

c. 238,9 × 100 = ...

d. 7,12 × 1 000 = ...

e. 0,02 × 10 = ...

f. 0,035 × 1 000 = ...

g. 78,9 ÷ 10 = ...

h. 2,3 ÷ 10 = ...

i. 0,45 ÷ 10 = ...

j. 0,87 ÷ 1 000 = ...

k. 3,8 ÷ 1 000 = ...

l. 4 338 ÷ 10 = ...

m. 1 297 ÷ 1 000 = ...

n. 12,3 ÷ 10 = ...

2 Cherche dans le dictionnaire la signification des préfixes *kilo-*, *déca-*, *centi-* et *milli-* puis complète.

a. 1 km = ... m

b. 1 dam = ... m

c. 1 cm = ... m

d. 1 mm = ... m

3 Convertis les longueurs.

a. 5 mm = ... m

b. 1,92 m = ... cm

c. 3 025 m = ... km

d. 30,5 cm = ... m

e. 5,24 km = ... m

4 Convertis.

a. 0,5 kg = ... g

b. 0,67 cg = ... g

c. 350 g = ... mg

d. 4,08 L = ... mL

e. 3 L = ... kL

f. 0,3 L = ... cL

g. 4,1 dL = ... mL

5 **Convertir encore**

Décompose, puis convertis dans l'unité demandée, comme dans l'exemple ci-dessous.

37,2 m
3 dam + 7 m + 2 dm
372 dm

a. 5,67 m

....

.... cm

b. 5,67 m

....

.... dm

c. 15,006 hm

....

.... m

d. 8,27 mm

....

.... dm

6 **Convertir !**

Décompose, puis convertis dans l'unité demandée, comme dans l'exemple ci-dessous.

37,2 m
3 dam + 7 m + 2 dm
372 dm

a. 23,4 dam

....

.... dm

b. 2,43 dam

....

.... cm

c. 0,67 hm

....

.... m

d. 4,5 cm

....

.... m

Série 3 Droite graduée

1 Je compte de 10 en 10

a. Complète la suite de nombres.

563	573	583	....	....	....

b. Complète avec les abscisses manquantes.

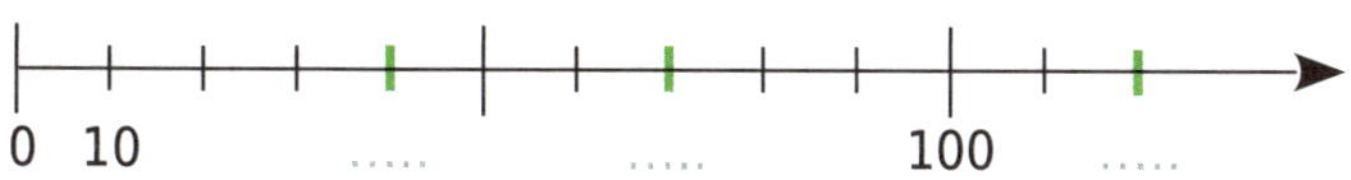

2 Je compte de 100 en 100

a. Complète la suite de nombres.

7 545	7 645	....	....	....	....

b. Complète avec les abscisses manquantes.

3 Je compte de 1 000 en 1 000

a. Complète la suite de nombres.

8 125	9 125	....	....	....	....

b. Complète avec les abscisses manquantes.

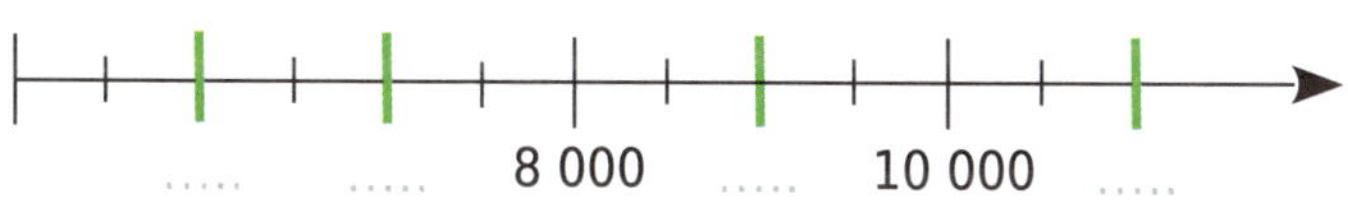

4 Je compte de 10 000 en 10 000

a. Complète la suite de nombres.

10 512	20 512	....	....	....	....

b. Complète avec les abscisses manquantes.

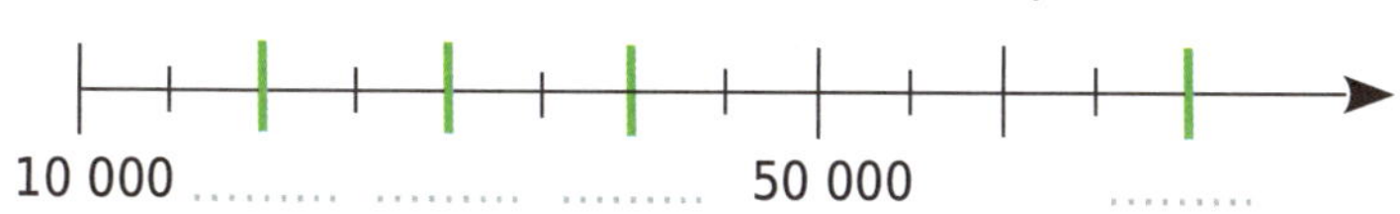

5 Je compte de un dixième en un dixième

a. Complète la suite de nombres.

8,9	9	9,1	....	....	....

b. Complète avec les abscisses manquantes.

6 Écris l'abscisse des points de chaque demi-droite graduée.

a.

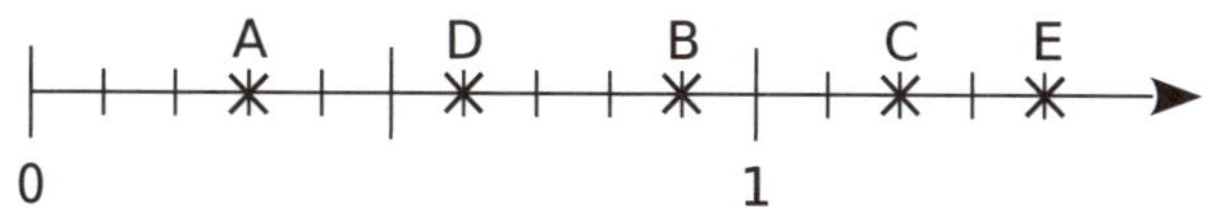

A(.......) B(.......) C(.......) D(.......) E(.......)

b.

F(........) G(........) H(........)

c.

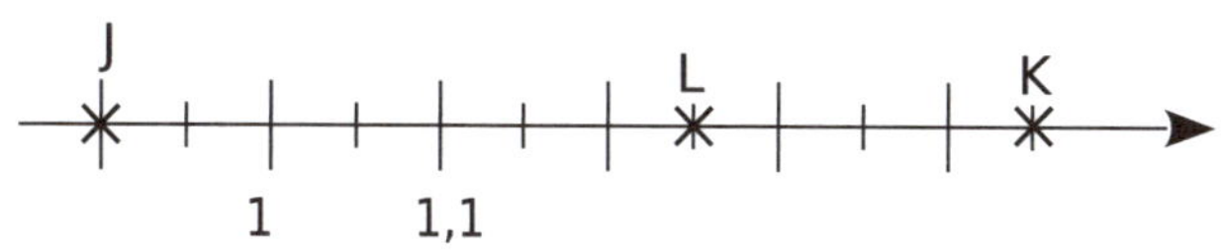

J(........) K(........) L(........)

d.

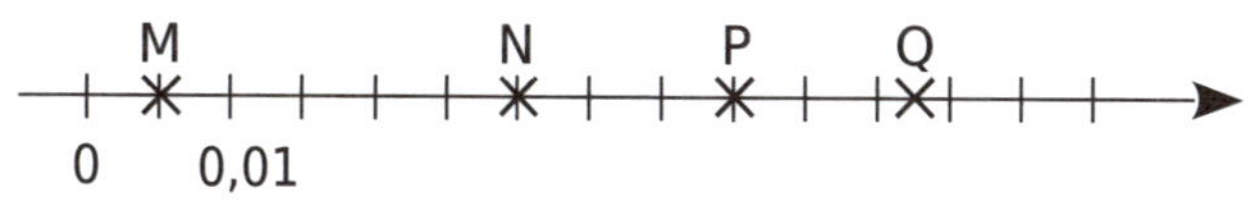

M(........) N(........) P(........) Q(........)

7 Place, le plus précisément possible, les points sur les demi-droites graduées.

a. A(0,3) ; B(1,4) ; C(2,1) ; D(1,95) et E(0,82).

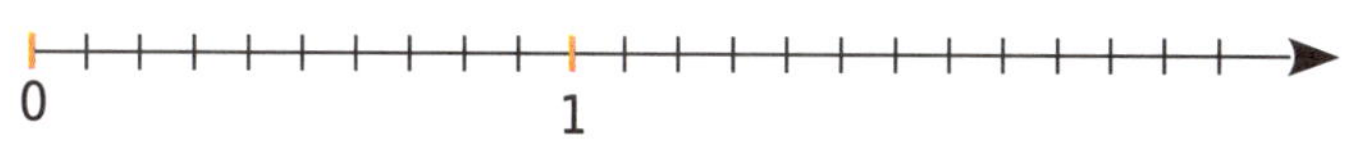

b. F(2) ; G(0,4) ; H(2,8) ; J(1,3) et K(3,1).

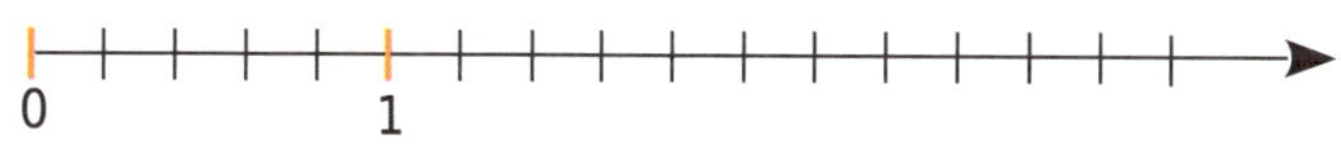

c. L(0,05) ; M(0,08) ; N(0,13) et P(0,075).

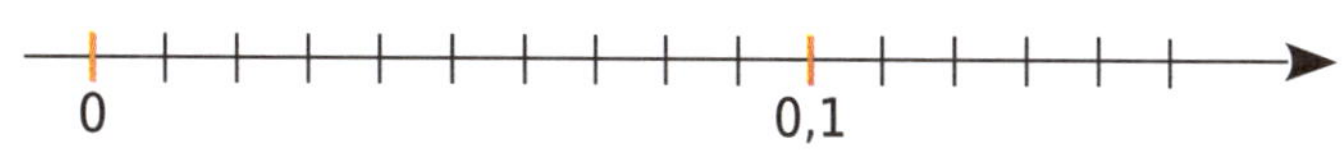

d. Q(5,42) ; R(5,47) ; S(5,39) et T(5,485).

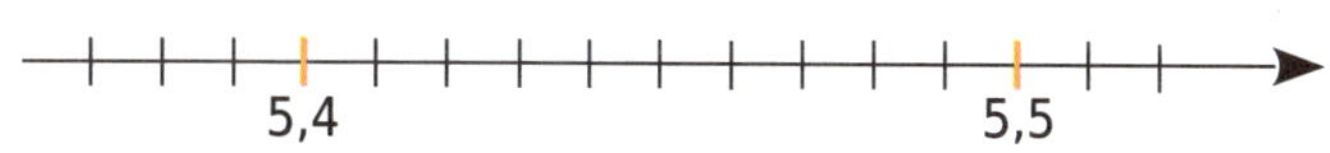

8 Dans chaque cas, trace une demi-droite graduée en choisissant au mieux l'unité pour pouvoir ensuite placer tous les nombres donnés.

a. 0 ; 0,5 ; 0,2 ; 0,34 ; 0,67 ; 0,7.

b. 12,4 ; 11,2 ; 15,3 ; 18,9 ; 17,3.

Série 4 Comparer, encadrer

1 Complète avec l'**entier** qui suit ou celui qui précède.

a. 4,2 < ....

b. 6,6 < ....

c. .... < 6,8

d. .... < 10,01

e. 9 < ....

f. .... < 15

g. 12,6 < ....

h. .... < 13,1

i. .... < 0,5

2 Complète avec < , > ou =.

a. 8,7 3,15

b. 12,13 12,9

c. 13,21 13,210

d. 0,19 0,121

e. 5,94 6,88

f. 5,8 5,08

g. 8,04 8,046

h. 12,12 16,12

i. 7,07 7,007

j. 10,022 10,2

3 Complète avec un nombre décimal.

a. 3,4 < .... < 3,5

b. 6,15 < .... < 6,16

c. 8,1 < .... < 8,11

d. 12,48 > .... > 12,2

e. 3,141 > .... > 3,1

f. 1,51 > .... > 1,5

g. 1 < .... < 1,3 < .... < 1,31

h. 0,5 < .... < 0,51 < .... < 0,6

4 **Labyrinthe**

Trace le chemin pour aller de 12,5 à 1, sachant que l'on peut monter vers une brique qui contient un nombre plus grand ou descendre vers une brique qui contient un nombre plus petit. On ne peut pas se déplacer à l'horizontale.

12,5	3	6	1,6	4,9	14,5	6,9	
1,3	14	5,2	2,6	152	8	3,1	2,5
0,9	1	5,3	123	4,2	2,9	1,2	
0,45	0,32	1,15	4,08	5,3	3,12	18	0,7
0,4	1,1	3,2	4,8	6	2,21	13	
0,2	0,14	2,1	1,9	6,4	3,6	12	34,7
0,19	0,2	8	1,09	3	7,78	1	

5 Cet exercice va te permettre de déterminer l'arrondi au dixième près de 4,63 ; 4,76 et 4,57.
On considère la demi-droite graduée suivante.

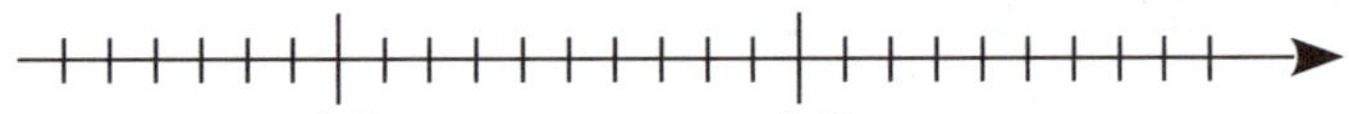

a. Sur la demi-droite graduée ci-dessus, place les nombres : 4,63 ; 4,76 et 4,57.

b. Pour chaque nombre, coche s'il est plus près de 4,6 ou de 4,7.

Nombre	4,6	4,7
4,63		
4,57		
4,76		
4,61		
4,647		
4,651		

c. Que penses-tu de 4,65 ?

....

6 Complète par Vrai (V) ou Faux (F).

a. 0,6 est plus proche de 0 que de 1. ....

b. 6,25 est aussi proche de 6,2 que de 6,3. ....

c. 0,06 est plus proche de 0,1 que de 0,07. ....

d. 6,4 est aussi proche de 6,35 que de 6,45. ....

7 **Avec des fractions décimales**

a. Range dans l'ordre croissant :

$3 + \frac{3}{1\,000}$; $3{,}3$; $\frac{333}{10}$; $\frac{303}{100}$; $3 + \frac{3}{10} + \frac{3}{1\,000}$.

....

b. Range dans l'ordre décroissant :

$3{,}7$; $3{,}702$; $\frac{36}{10}$; $3 + \frac{689}{1\,000}$; $3 + \frac{5}{10}$.

....

Comprendre les fractions

N2

Représentation géométrique

1 Trois élèves ont voulu colorier un tiers de la surface d'un carré. Les réponses sont-elles correctes ? Justifie.

Liam — Lucie — Sofian

a. Liam :

....

....

b. Lucie :

....

....

c. Sofian :

....

....

2 Pour chaque figure, indique la fraction de la surface totale qui est colorée.

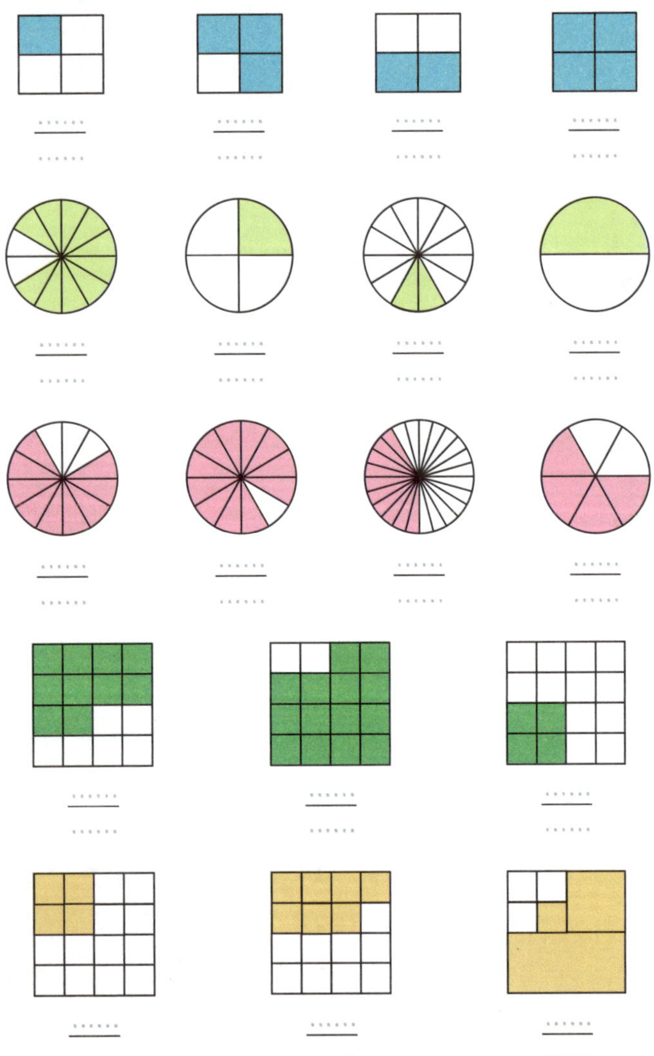

3 Trace ci-dessous un rectangle de 8 cm sur 3 cm.

a. Colorie un quart de ce rectangle en bleu.

b. Colorie 50 % de ce rectangle en vert.

c. Colorie en rouge un tiers de la partie non colorée.

4 Dans chaque cas, exprime par une fraction la proportion de l'aire de la surface colorée par rapport à celle de la surface du rectangle ABCD (chaque petit rectangle d'une figure a la même aire).

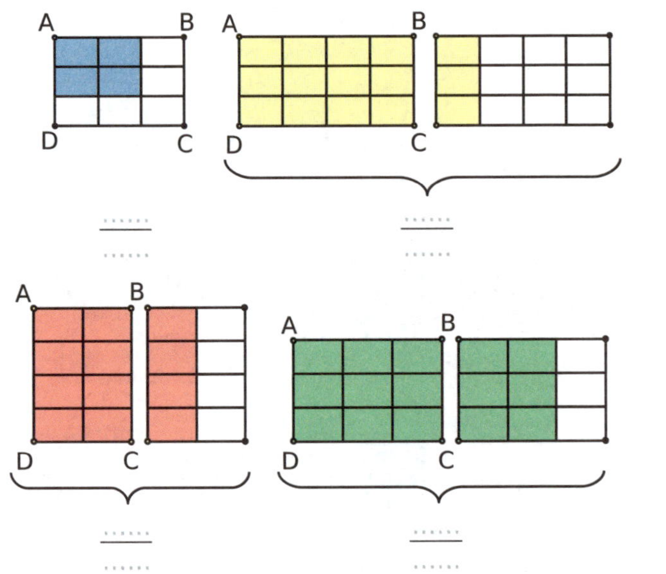

5 On considère le rectangle ABCD ci-dessous.

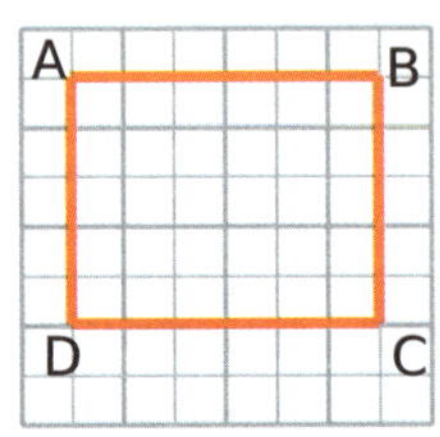

On décide que ce rectangle ABCD est l'unité d'aire. Quelle fraction du rectangle ABCD représente alors chacun des rectangles ci-dessous ?

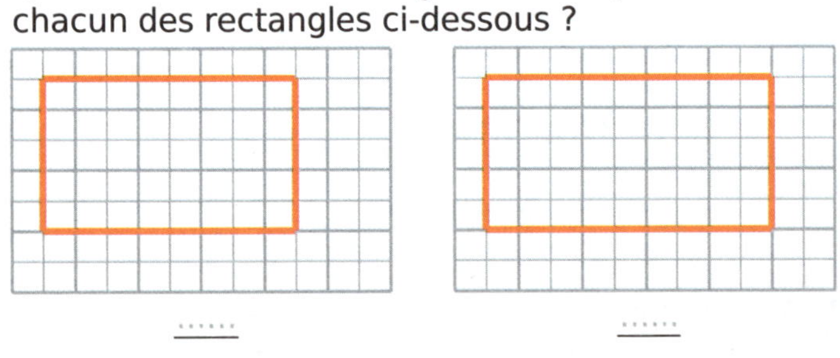

Vocabulaire et sens

1 Écris sous forme de fractions.

a. douze centièmes : $\frac{\dots}{\dots}$

b. vingt-six millièmes : $\frac{\dots}{\dots}$

c. seize tiers : $\frac{\dots}{\dots}$

d. trois demis : $\frac{\dots}{\dots}$

e. huit quarts : $\frac{\dots}{\dots}$

f. quatre-vingts neuvièmes : $\frac{\dots}{\dots}$

g. quatre vingt-neuvièmes : $\frac{\dots}{\dots}$

2 **Énigmes**

a. Mon dénominateur est le numérateur de $\frac{89}{9}$ et mon numérateur est le dénominateur de $\frac{10}{95}$.

Je suis : $\frac{\dots}{\dots}$

b. Mon numérateur est le double de celui de $\frac{5}{7}$ et mon dénominateur est le tiers de celui de $\frac{6}{9}$.

Je suis : $\frac{\dots}{\dots}$

3 La somme de mon numérateur et de mon dénominateur est 9, leur différence est 5 et je suis une fraction supérieure à 1. Je suis : $\frac{\dots}{\dots}$

4 **Des groupes**

Un sac de billes est composé de 5 billes bleues et de 3 billes rouges.

a. Que représente la fraction $\frac{5}{8}$?

....

b. Si Aïssatou ajoute une bille rouge dans le sac, quelle(s) partie(s) de la fraction sera (seront) modifiée(s) ?

□ le numérateur □ le dénominateur

c. Si Aïssatou enlève une bille bleue du sac, quelle partie de la fraction sera modifiée ?

□ le numérateur □ le dénominateur

5 Complète les phrases ci-dessous avec une fraction.

- 6 mois représentent $\frac{\dots}{\dots}$ d'une année.
- 4 mois représentent $\frac{\dots}{\dots}$ d'une année.
- 30 minutes représentent $\frac{\dots}{\dots}$ d'une heure.
- 15 minutes représentent $\frac{\dots}{\dots}$ d'une heure.
- 45 minutes représentent $\frac{\dots}{\dots}$ d'une heure.

6 Complète les phrases ci-dessous à l'aide d'un entier.

a. Un demi-litre de lait représente .... cL.

b. Une demi-douzaine d'œufs représentent .... œufs.

7 Complète les pointillés par le nombre qui convient.

- $50 \times \frac{1}{2} =$ ....
- $24 \times \frac{1}{2} =$ ....
- $13 \times \frac{1}{2} =$ ....
- $60 \times \frac{1}{2} =$ ....
- $\frac{1}{2} \times 31 =$ ....
- $\frac{1}{4}$ de 20, c'est ....
- $\frac{1}{4}$ de 120, c'est ....
- Un quart de 40, c'est ......

8 Dans chaque cas, donne la valeur exacte du nombre à l'aide d'une fraction.

Le quotient de 25 par 7 : $\frac{\dots}{\dots}$

Le quotient de 11 par 14 : $\frac{\dots}{\dots}$

$31 \div 43$: $\frac{\dots}{\dots}$

9 Écris le résultat sous la forme d'une fraction.

a. deux fois un neuvième : $\frac{\dots}{\dots}$

b. cinq fois un huitième : $\frac{\dots}{\dots}$

c. la moitié de onze : $\frac{\dots}{\dots}$

d. le quart de sept : $\frac{\dots}{\dots}$

e. le cinquième de treize : $\frac{\dots}{\dots}$

Droite graduée

1 Dans chaque cas, donne, sous forme d'une fraction, l'abscisse de chacun des points A, B et C placés sur la demi-droite graduée.

a.

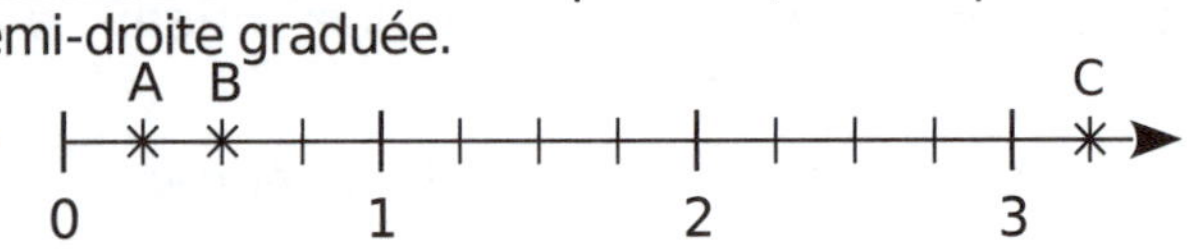

Abscisse de A : $\frac{\dots}{\dots}$

Abscisse de B : $\frac{\dots}{\dots}$

Abscisse de C : $\frac{\dots}{\dots}$

b.

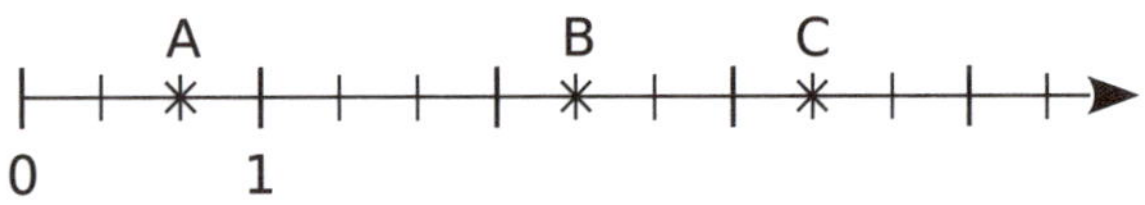

Abscisse de A : $\frac{\dots}{\dots}$

Abscisse de B : $\frac{\dots}{\dots}$

Abscisse de C : $\frac{\dots}{\dots}$

c.

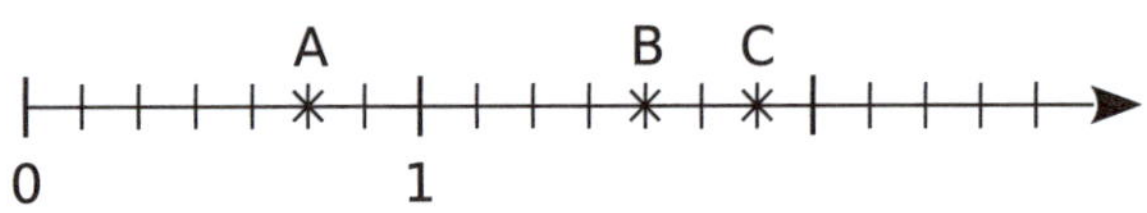

Abscisse de A : $\frac{\dots}{\dots}$

Abscisse de B : $\frac{\dots}{\dots}$

Abscisse de C : $\frac{\dots}{\dots}$

2 Place les points suivants sur l'axe gradué.

a. A $\left(\frac{5}{6}\right)$, B $\left(\frac{9}{6}\right)$ et C $\left(\frac{10}{6}\right)$

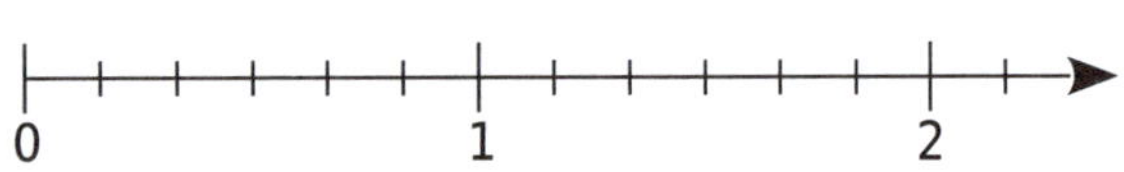

b. D $\left(\frac{5}{4}\right)$, E $\left(\frac{9}{4}\right)$ et F $\left(\frac{5}{2}\right)$

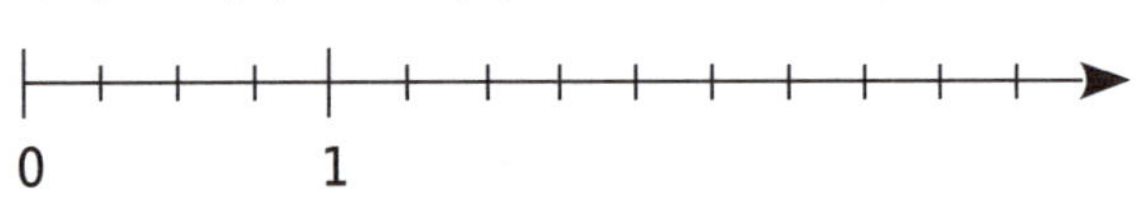

c. G $\left(\frac{2}{3}\right)$, H $\left(\frac{9}{3}\right)$ et K $\left(\frac{7}{3}\right)$

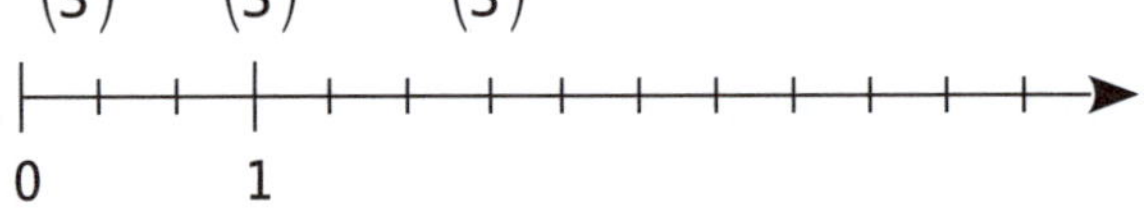

3 **Sans l'origine !**

Écris, sous forme de fraction, l'abscisse de chaque point.

Abscisse de E : $\frac{\dots}{\dots} = \dots\dots + \frac{\dots}{\dots}$

Abscisse de F : $\frac{\dots}{\dots} = \dots\dots + \frac{\dots}{\dots}$

4 Place les points suivants sur l'axe gradué.

G $\left(\frac{5}{4}\right)$ et H $\left(\frac{9}{4}\right)$

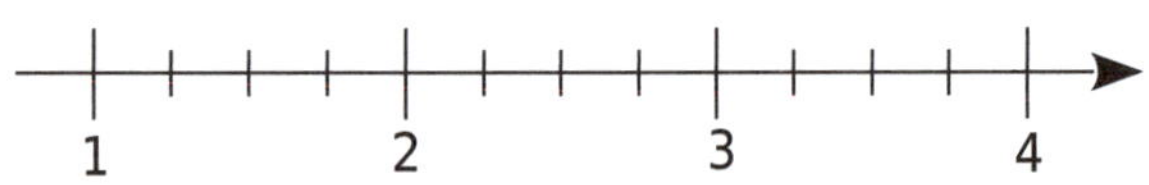

5 Place les points suivants sur l'axe gradué.

G $\left(\frac{1}{4}\right)$ et H $\left(\frac{6}{8}\right)$

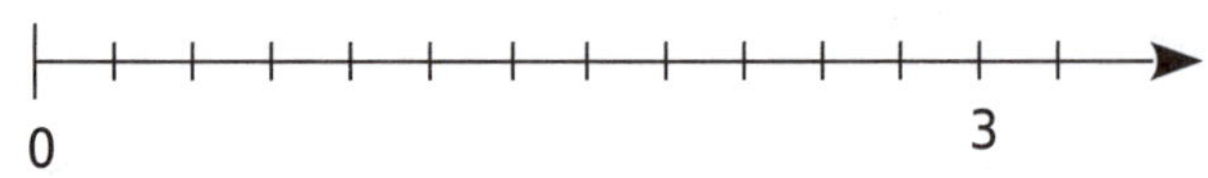

6 **Différents dénominateurs !**

a. Complète.

• Abscisse de E : $\frac{\dots}{4}$ ou $\frac{\dots}{8}$.

• Abscisse de F : $\frac{\dots}{2}$ ou $\frac{\dots}{4}$ ou $\frac{\dots}{8}$.

b. Place les points suivants sur l'axe graduée.

G $\left(\frac{9}{12}\right)$ H $\left(\frac{3}{2}\right)$ N $\left(\frac{2}{3}\right)$ K $\left(\frac{3}{4}\right)$ L $\left(\frac{8}{4}\right)$ M $\left(\frac{4}{6}\right)$

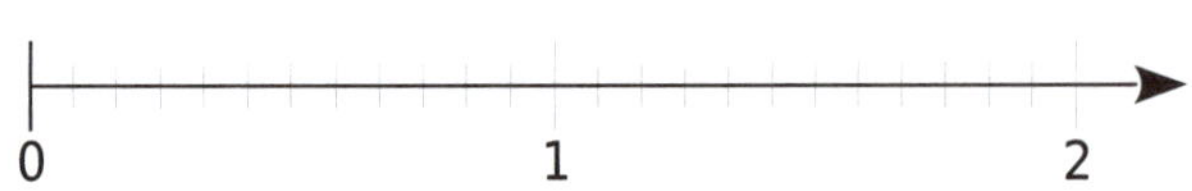

c. Que constates-tu ?

....

....

....

....

Fractions, décimaux et comparaison

1 Écris sous forme d'une fraction décimale.

a. 12,9 = $\frac{\ldots}{\ldots}$

b. 5,62 = $\frac{\ldots}{\ldots}$

c. 7,125 = $\frac{\ldots}{\ldots}$

d. 47,06 = $\frac{\ldots}{\ldots}$

2 Décompose ainsi : $\frac{736}{100} = 7 + \frac{3}{10} + \frac{6}{100}$.

a. $\frac{8\,725}{1\,000}$ = ……………………………………

b. $\frac{1\,253}{100}$ = ……………………………………

c. $\frac{32}{100}$ = ……………………………………

d. $\frac{908}{10}$ = ……………………………………

3 Écris sous forme d'une fraction décimale.

a. $7 + \frac{6}{10} = \frac{\ldots}{\ldots}$

b. $45 + \frac{8}{10} = \frac{\ldots}{\ldots}$

c. $9 + \frac{7}{1\,000} = \frac{\ldots}{\ldots}$

d. $4 + \frac{3}{100} = \frac{\ldots}{\ldots}$

e. $80 + \frac{1}{100} + \frac{3}{10} = \frac{\ldots}{\ldots}$

f. $3 + \frac{5}{10} + \frac{2}{100} = \frac{\ldots}{\ldots}$

g. $\frac{6}{10} + \frac{8}{1\,000} = \frac{\ldots}{\ldots}$

h. $7 + \frac{2}{1\,000} + \frac{4}{100} = \frac{\ldots}{\ldots}$

4 À partir de représentation

a. Hachure une surface représentant $\frac{5}{4}$ de l'aire du grand rectangle unité.

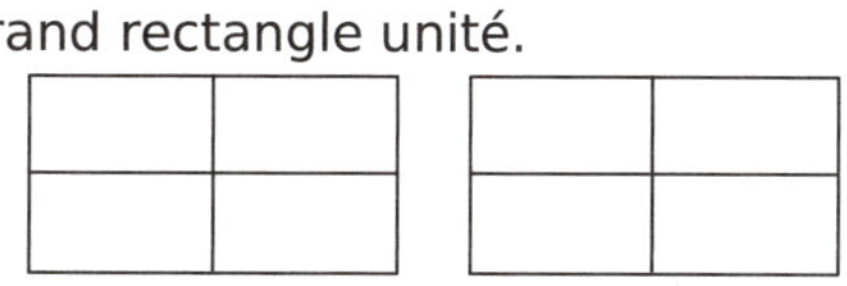

b. Place le point d'abscisse $\frac{6}{4}$ sur la droite graduée ci-dessous.

c. Écris ces deux nombres sous la forme de la somme d'un nombre entier et d'une fraction inférieure à 1.

$\frac{5}{4}$ = ……… + $\frac{\ldots}{\ldots}$

$\frac{6}{4}$ = ……… + $\frac{\ldots}{\ldots}$

5 Écris chaque fraction sous la forme d'une somme d'un nombre entier et d'une fraction inférieure à 1.

a. $\frac{3}{2}$ = ……… + $\frac{\ldots}{\ldots}$

b. $\frac{7}{3}$ = ……… + $\frac{\ldots}{\ldots}$

c. $\frac{9}{2}$ = ……… + $\frac{\ldots}{\ldots}$

d. $\frac{2}{3}$ = ……… + $\frac{\ldots}{\ldots}$

6 Avec la division euclidienne

a. Pose et effectue la division euclidienne de 87 par 4.

b. Quel est le quotient ? ……………………………

c. Quel est le reste ? ……………………………

d. Encadre $\frac{87}{4}$ par deux entiers consécutifs.

…… $< \frac{87}{4} <$ ……

e. Écris $\frac{87}{4}$ comme la somme d'un entier et d'une fraction plus petite que 1.

$\frac{87}{4}$ = ……… + $\frac{\ldots}{\ldots}$

7 À l'aide des représentations ci-dessous, complète les égalités.

$\frac{1}{3} = \frac{\ldots}{6}$

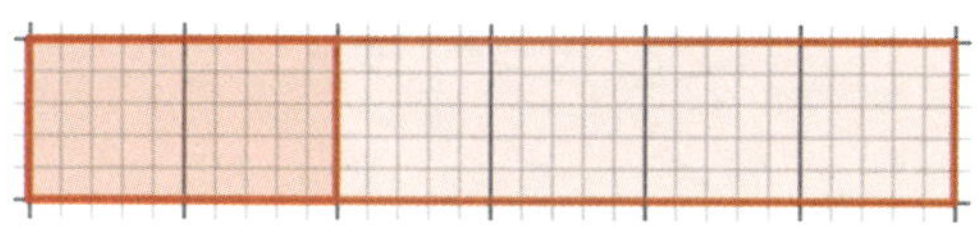

$\frac{3}{12} = \frac{\ldots}{4}$

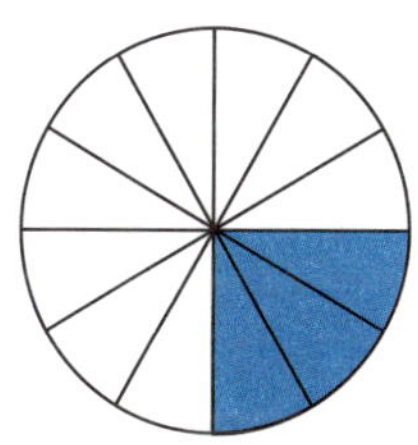

8 Colorie $\frac{2}{6}$ du disque ci-dessous, puis complète.

a. $\frac{2}{6} = \frac{\ldots}{18}$

b. $\frac{2}{6} = \frac{\ldots}{3}$

Opérations

1 En coloriant !

Complète à chaque fois les calculs suivants en t'aidant des représentations ci-dessous.

a. $\frac{2}{11} + \frac{4}{11} =$ ……………………………………

b. $\frac{2}{7} + \frac{3}{7} =$ ……………………………………

c. $\frac{5}{9} - \frac{2}{9} =$ ……………………………………

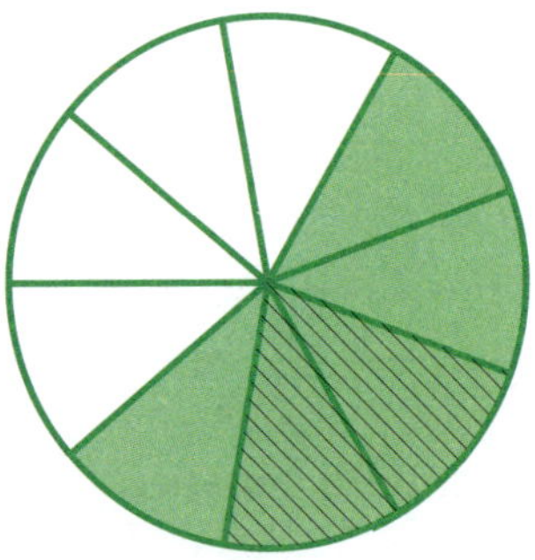

d. $\frac{11}{18} - \frac{4}{18} =$ ……………………………………

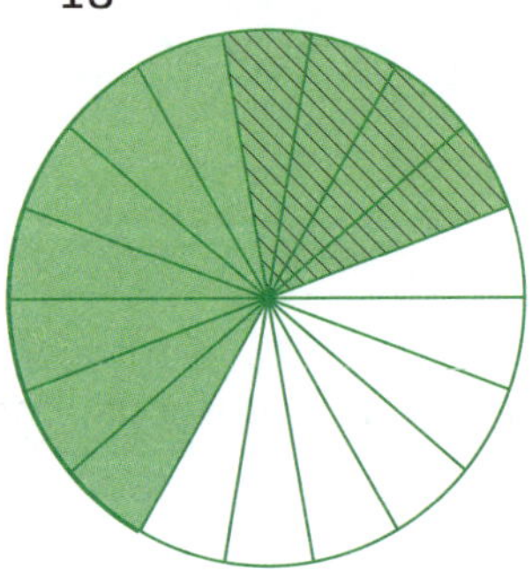

2 Calcule mentalement.

a. $\frac{4}{9} + \frac{3}{9} =$ ……………

b. $\frac{23}{78} + \frac{28}{78} =$ ……………

c. $\frac{13}{17} - \frac{2}{17} =$ ……………

d. $\frac{91}{121} - \frac{90}{121} =$ ……………

e. $\frac{101}{4} + \frac{26}{4} =$ ……………

f. $\frac{12}{12} - \frac{13}{13} =$ ……………

3 Complète.

a. $6 \times \frac{5}{6} =$ ……………

b. $13 \times \frac{55}{13} =$ ……………

c. $7 \times \frac{\dots}{\dots} = 1$

d. $19 \times \frac{\dots}{\dots} = 76$

e. $\frac{100}{\dots} \times 7 = 100$

f. $8 \times \frac{\dots}{8} = 4$

4 Demi, quart et pourcentages

Complète les expressions à l'aide d'une des fractions suivantes : $\frac{1}{2}$; $\frac{1}{4}$; $\frac{1}{5}$; $\frac{1}{10}$.

a. $\frac{\dots}{\dots}$ de 123 est égal à 12,3.

b. $\frac{\dots}{\dots}$ de 22 est égal à 11.

c. $\frac{\dots}{\dots}$ de 50 est égal à 10.

d. $\frac{\dots}{\dots}$ de 48 est égal à 12.

e. $\frac{\dots}{\dots}$ de 100 est égal à 25.

5 Différentes écritures

Complète le tableau suivant avec les nombres égaux à chaque pourcentage de la première colonne :

$\frac{1}{4}$; 0,1 ; $\frac{10}{100}$; $\frac{5}{10}$; 0,25 ; $\frac{1}{2}$; $\frac{1}{10}$; 0,5 ; $\frac{25}{100}$.

10 %	……………………………………
25 %	……………………………………
50 %	……………………………………

6 Relie chaque nombre au pourcentage auquel il est égal.

$\frac{1}{2}$ •	• 50 %
$\frac{1}{4}$ •	• 10 %
$\frac{1}{5}$ •	• 25 %
$\frac{1}{10}$ •	• 20 %

7 Choisir

Un pantalon vert, qui coûtait 35 €, est vendu à 70 % de son prix initial et un pantalon bleu, qui coûtait 27 €, est vendu à 95 % de son prix initial. Lequel sera le moins cher à l'achat ?

……………………………………………………………………

……………………………………………………………………

……………………………………………………………………

Série 5 Opérations

8 Calcule comme dans l'exemple.

50 % de 8, c'est $\frac{50}{100} \times 8 = \frac{1}{2} \times 8 = 4$.

a. 50 % de 31, c'est :

b. 10 % de 126, c'est :

c. 25 % de 84, c'est :

d. 20 % de 43, c'est :

9 Recopie six fois cette phrase en la complétant avec un nombre de chaque tableau pour qu'elle soit correcte : « Prendre ... d'un nombre, c'est le multiplier par ... . »

50 %	25 %	75 %	30 %	60 %	200 %

$\frac{3}{10}$	$\frac{3}{5}$	$\frac{1}{4}$	2	$\frac{1}{2}$	$\frac{3}{4}$

10 Calcule comme dans l'exemple.

11 % de 8, c'est $\frac{11}{100} \times 8 = \frac{11 \times 8}{100} = \frac{88}{100} = 0{,}88$.

a. 15 % de 40, c'est :

b. 11 % de 60, c'est :

c. 90 % de 9, c'est :

d. 21 % de 30, c'est :

11 Calcule comme dans l'exemple.

11 % de 800, c'est :

$$\frac{11}{100} \times 800 = 11 \times \frac{800}{100} = 11 \times 8 = 88.$$

a. 43 % de 200, c'est :

b. 16 % de 300, c'est :

c. 63 % de 500, c'est :

d. 21 % de 400, c'est :

12 Dans chaque cas, trouve et entoure l'intrus.

a. Vingt-cinq fois un centième ; $\frac{1}{4}$; 0,25 ; vingt-cinq dixièmes ; 25 %.

b. $\frac{1}{5}$; 20 % ; 0,2 ; cinq centièmes ; deux fois un dixième.

c. Le dixième de 5 ; huit fois un quart ; 50 % ; 0,5 ; un demi.

13 Un magasin vend des sweats de différentes couleurs au prix de 32,40 €. Cette semaine, ils sont en promotion.

a. Calcule le montant de la réduction pour chaque sweat.

b. Calcule le nouveau prix de chaque sweat après la réduction.

Problèmes

1 Détermine dans chaque cas la valeur exacte de L.

a.

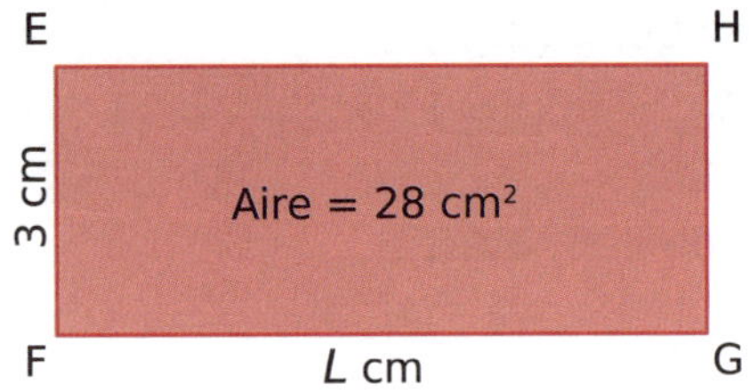

b.

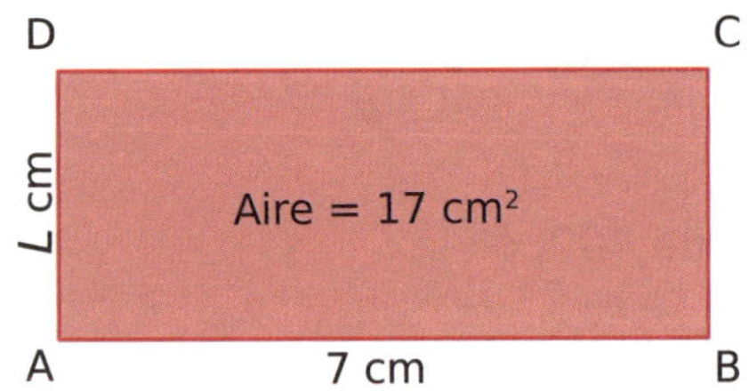

2 Alice a vendu $\frac{5}{11}$ de ses 220 pâtisseries et Noureddine a vendu $\frac{4}{5}$ de ses 150 pâtisseries.

Qui a vendu le plus de pâtisseries ?

3 Thomas a gagné au loto : il décide de donner $\frac{1}{3}$de ce qu'il a gagné à sa sœur et $\frac{1}{6}$ de ce qu'il a gagné à son meilleur ami.

Quelle fraction de la somme gagnée lui reste-t-il ?

4 Bella a deux petites galettes identiques. Elle mange la moitié de la première galette et propose à Abel : « Préfères-tu manger la moitié du reste de la première galette ou le tiers de la deuxième galette ? » Quel choix Abel doit-il faire pour avoir le plus gros morceau ?

5 Tom a une tablette contenant douze carreaux de chocolats. Il propose à Lola : « Préfères-tu :

a. que je te donne un quart de la tablette ?

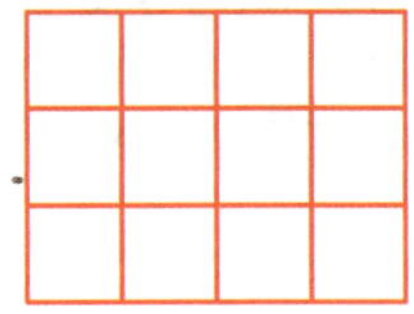

b. que je mange trois carreaux et que je te donne un tiers du reste de la tablette ?

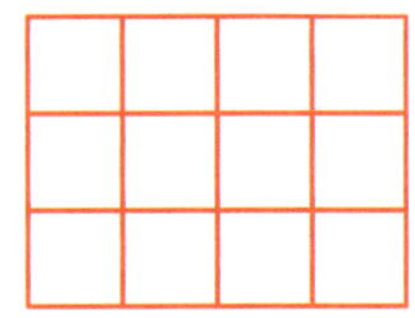

c. que je mange la moitié de la tablette et que je te donne la moitié du reste ?

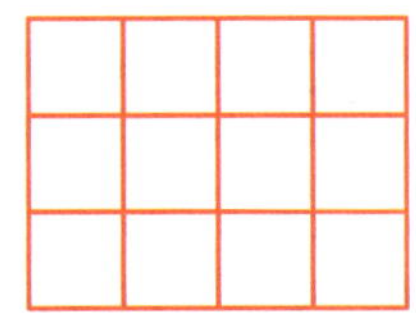

d. que je mange un tiers de la tablette et que je te donne la moitié du reste ? »

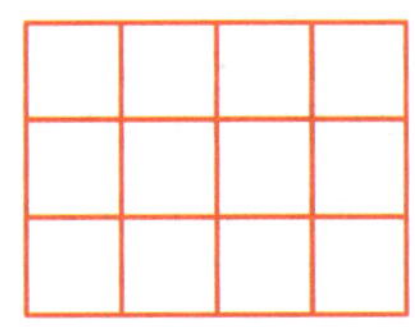

Dans chaque cas, colorie le nombre de carreaux de chocolat donnés à Lola.

Quel choix Lola doit-elle faire pour avoir le plus de chocolat ?

6 Chen a cinq boîtes contenant chacune 8 caramels. Il propose à Emma :« Préfères-tu :

a. que je te donne un dixième de tous mes caramels ?

b. que je te donne la moitié d'une boîte de caramels ?

c. que je mange deux caramels d'une boîte et que je te donne deux tiers de ceux qui restent dans cette boîte ?

d. que je mange dix caramels et que je te donne un sixième de tous les caramels qui restent ? »

Quel choix Emma doit-elle faire pour avoir le plus de caramels ?

Calculer avec des nombres entiers et des décimaux

N3

Série 1 Additionner et soustraire

1 Calcule les sommes suivantes (il est recommandé de poser les retenues).

1 2 3 + 5 6 4	2 5 6 3 + 3 2 1	8 2 + 1 1 1 + 6 ....
8 2 9 + 5 6 2	3 5 7 5 + 8 2 6	3 2 + 1 7 5 + 9 1 3 ....

2 Calcule les différences suivantes (il est recommandé de poser les retenues).

6 2 3 − 5 1 2	2 9 3 6 − 7 2 5	6 6 9 − 3 5 4 ....
6 3 4 − 2 5	2 6 4 6 − 7 9 5	1 5 1 3 − 6 4 4 ....

3 Calcule les sommes et les différences suivantes.

1 2, 3 + 5, 4	8 4, 2 5 + 3 2, 1 8	3 5 7 + 8 2, 6 ....
0, 8 3 9 + 5, 3 6 2	5 1, 6 2 + 1 5, 2 1 + 7, 1 9 5	3 2, 0 9 4 + 1 7, 1 9 + 9, 4 8 3 ....
1 2 5, 8 − 4 5, 6	9 0 − 5 2, 3	1 0, 2 − 7, 5 4 ....
4, 8 − 3, 1 7 8	4, 0 9 − 0, 8 7	4 7, 5 3 − 3 7, 7 2 ....

4 Calcule les sommes en effectuant des regroupements astucieux.

a. A = 8,5 + 12,7 + 1,5

A = ...

b. B = 18,3 + 1,7 + 6,8

B = ...

c. C = 3,6 + 7 + 11,4

C = ...

5 Effectue en ligne les calculs suivants.

a. La somme des termes 1 434 et 5 256.

....

....

b. La somme des termes 57,4 ; 33,4 et 18,23.

....

....

c. La différence des termes 58 874 et 18 523.

....

....

6 Complète les trois carrés ci-dessous pour que les sommes de chaque ligne, de chaque colonne et de chaque diagonale soient égales.

a.

		8
	10	18
12		

b.

7,5		
2,5	4,5	
3		1,5

c.

1,6			1,3
		1,1	0,8
0,9	0,6		
0,4		1,4	0,1

7 Donne un ordre de grandeur des résultats suivants, en indiquant les étapes intermédiaires.

Exemple : 11 + 48 ≈ 10 + 50
donc 11 + 48 ≈ 60.

a. 108 + 295 ≈ ....
donc .... ≈ ....

b. 839 − 42 ≈ ....
....

c. 439 − 177 ≈ ....
....

d. 5 365 + 2 841 + 11 723 ≈ ....
....
....

e. 16 432,78 − 5 645,999 ≈ ....
....
....

f. 651 248 + 17 + 328 421 ≈ ....
....
....

g. 0,58 + 1,32 + 0,175 ≈ ....
....
....

8 **Calculs astucieux (bis)**

Méthode n° 1 :

• Calculer de tête 527 + 999 :
999 = 1 000 − 1
Ajouter 999, c'est ajouter 1 000 puis soustraire 1.
Donc, pour calculer de tête 527 + 999, on peut faire :
527 + 1 000 = 1 527
1 527 − 1 = 1 526
Donc 527 + 999 = 1 526.

Méthode n° 2 :

• Calculer de tête 643 − 98 :
98 = 100 − 2
Soustraire 98, c'est soustraire 100 et ajouter 2.
Ainsi, pour calculer de tête 643 − 98, on peut faire :
643 − 100 = 543
543 + 2 = 545
Donc 643 − 98 = 545.

Utilise l'une des deux méthodes précédentes pour calculer de tête.

a. 37 + 9 = ...

b. 48 + 98 = ...

c. 125 + 99 = ...

d. 2 136 − 999 = ...

e. 107 + 49 = ...

f. 34 + 28 = ...

g. 105 − 38 = ...

h. 48 − 9 = ...

i. 277 + 998 = ...

j. 125 − 18 = ...

k. 63 + 39 = ...

l. 300 − 78 = ...

9 Pose en colonnes et effectue.

a. 473,26 + 3 052,4
b. 30 + 9,23 + 121,5
c. 29,4 + 8,328 + 12,4
d. 751,25 − 98,2
e. 8,5 − 0,082
f. 72 − 68,41

a.	b.	c.
d.	e.	f.

Série 2 Multiplier

1 Calcule les produits suivants (il est recommandé de poser les retenues).

a. $\begin{array}{r} 4\,3 \\ \times \quad 7 \\ \hline \dots\dots \end{array}$ b. $\begin{array}{r} 4\,2\,2\,1 \\ \times \quad 8 \\ \hline \dots\dots \end{array}$ c. $\begin{array}{r} 5\,7\,2\,1 \\ \times \quad 5 \\ \hline \dots\dots \end{array}$

d. $\begin{array}{r} 4\,3\,2 \\ \times \quad 1\,3 \\ \hline \dots\dots \\ \dots\dots \\ \hline \dots\dots \end{array}$ e. $\begin{array}{r} 2\,3\,2 \\ \times \quad 2\,1 \\ \hline \dots\dots \\ \dots\dots \\ \hline \dots\dots \end{array}$ f. $\begin{array}{r} 4\,1\,2 \\ \times 5\,0\,9 \\ \hline \dots\dots \\ \dots\dots \\ \dots\dots \\ \hline \dots\dots \end{array}$

2 Calcule les produits suivants en effectuant des regroupements astucieux.

a. 5 × 33 × 2 = ...

b. 50 × 33 × 2 × 30 = ...

c. 4 × 1 725 × 250 × 10 = ...

d. 19 398 × 22 119 × 0 × 56 = ...

e. 188 × 8 × 125 = ...

f. 99 × 500 × 2 = ...

3 Dans ce carré, les produits des nombres doivent toujours être égaux sur chaque ligne, chaque colonne et chaque diagonale. Complète-le.

	1	18
	6	4
	36	

4 Complète avec les nombres 10 ; 100 ou 1 000.

a. 5,45 × .... = 5 450

b. 2,98 × .... = 29,8

c. 2,34 × .... = 234

d. 0,345 × .... = 3,45

e. 0,014 × .... = 1,4

f. 0,32 × .... = 320

5 Complète avec les nombres 0,1 ; 0,01 ; 0,001 ; ...

a. 3,4 × .... = 0,034

b. 345 × .... = 0,034 5

c. .... × 27 = 0,027

d. .... × 0,6 = 0,06

6 Relie chaque produit à son ordre de grandeur.

21 × 1,05 •	• 200
0,011 × 20,1 •	• 2 000
50,4 × 40,2 •	• 20
1,99 × 0,99 •	• 2
19,8 × 0,001 1 •	• 0,2
2,1 × 9,8 •	• 0,02

7 Place correctement la virgule dans les produits suivants (en ajoutant éventuellement un ou des zéros à gauche du résultat).

a. 12,7 × 2,4 = 3 0 4 8

b. 0,14 × 5,9 = 8 2 6

c. 25,4 × 1,05 = 2 6 6 7

d. 0,007 × 573,2 = 4 0 1 2 4

e. 0,245 × 0,125 = 3 0 6 2 5

8 Sachant que 65 × 132 = 8 580, détermine les résultats des calculs suivants.

a. 6,5 × 13,2 = ...

b. 650 × 132 = ...

c. 0,65 × 0,132 = ...

d. 0,065 × 1 320 = ...

9 Calcule mentalement.

a. 100 × 0,01 = ...

b. 10 × 0,001 = ...

c. 1 × 0,1 = ...

d. 1 000 × 0,1 = ...

Multiplier

10 Calcule en regroupant astucieusement.

a. A = 0,9 × 2 × 0,7 × 50 = ...
= ....
= ....

b. B = 0,25 × 5,65 × 4 = ...
= ....
= ....

c. C = 8 × 52 × 12,5 = ...
= ....
= ....

d. D = 2,5 × 1,7 × 0,4 = ...
= ....
= ....

11 Calcule les produits suivants.

a. 5 2 × 0, 8 = ...

b. 1, 7 × 0, 0 9 = ...

c. 0, 4 1 × 5 = ...

d. 1, 3 × 7, 5 = ...

e. 0, 1 7 × 2, 8 = ...

f. 1 0, 5 × 3 2, 1 = ...

12 Sans poser l'opération ni utiliser de calculatrice, entoure le résultat juste.

Réponse	A	B	C	D
10,3 × 7,5	77,29	68,412	77,25	7,25
11,6 × 29,8	354,578	321,12	512,88	345,68
346 × 0,97	3 263,62	36,62	335,62	348,62
1,03 × 698,4	7 233,352	719,352	687,352	68,352
2,5 × 4,4	8,444	11	33,5	2,2

13 Pose et effectue les multiplications suivantes.

a. 2,05 × 4,15
b. 4,78 × 8,7
c. 6,2 × 5,97
d. 7,65 × 1,32

a.

b.

c.

d.

14 Calcule mentalement.

a. 0,2 × 0,5 = ...
b. 0,7 × 0,08 = ...
c. 0,9 × 0,04 = ...
d. 0,4 × 2,5 = ...
e. 0,41 × 3 = ...
f. 0,85 × 0,2 = ...
g. 0,3 × 12,2 = ...
h. 1,21 × 0,4 = ...
i. 0,47 × 0,02 = ...

Diviser

1 Dans les deux divisions suivantes, entoure en bleu le dividende, en vert le reste, en noir le diviseur et en rouge le quotient. Complète ensuite la phrase.

a.

1 5 4	2 5
− 1 5 0	6
4	

Le quotient de 154 par 25 est ..... et il reste ......

b.

8 8 4	3 4
− 2 0 4	2 6
0	

Le quotient de 884 par 34 est ..... et il reste ......

2 Quotients et restes

a. On a 116 = (16 × 7) + 4.

Quels sont le quotient entier et le reste dans la division euclidienne de 116 par 16 ?

....

Quels sont le quotient entier et le reste dans la division euclidienne de 116 par 7 ?

....

b. On a 120 = (16 × 7) + 8.

Quels sont le quotient entier et le reste dans la division euclidienne de 120 par 16 ?

....

Quels sont le quotient entier et le reste dans la division euclidienne de 120 par 7 (attention ....) ?

....

3 Effectue les divisions suivantes.

3 7	5
....	....
....	

1 4 1	8
....	....
....	
....	
....	

6 3 5	9
....	....
....	
....	
....	

4 Complète les colonnes sans poser les divisions.

	Cas 1	Cas 2	Cas 3	Cas 4
Dividende			456	907
Diviseur	15	40	45	
Quotient	30	25	10	15
Reste	7	11		7

5 Relie chaque quotient à son ordre de grandeur.

287,8 ÷ 5 •	• 30
287,8 ÷ 10 •	• 50
287,8 ÷ 2 •	• 60
287,8 ÷ 4 •	• 75
287,8 ÷ 6 •	• 100
287,8 ÷ 3 •	• 150

6 Calcule mentalement les divisions.

a. 12,6 ÷ 3 = ...

b. 12,6 ÷ 2 = ...

c. 12,4 ÷ 4 = ...

d. 5,5 ÷ 5 = ...

e. 15,6 ÷ 6 = ...

f. 93,3 ÷ 3 = ...

g. 48,6 ÷ 9 = ...

h. 4,2 ÷ 3 = ...

7 Complète les pointillés.

a. 10,2 ÷ .... = 5,1

b. 6,15 ÷ .... = 2,05

c. 8,25 ÷ .... = 1,65

d. .... ÷ 4 = 8,2

e. .... ÷ 9 = 1,01

f. .... ÷ 11 = 12,1

8 Lors du calcul du quotient de 355 par 13, la calculatrice affiche : 27,30769231. Sans calculatrice, donne une valeur approchée au millième des quotients suivants.

a. 3,55 ÷ 13 ≈ ....

b. 35,5 ÷ 13 ≈ ....

c. 3 550 ÷ 13 ≈ ....

d. 3,55 ÷ 130 ≈ ....

9 Entoure le résultat juste, sans poser l'opération ni utiliser de calculatrice.

Réponse	A	B	C	D
124,42 ÷ 2	248,84	60,201	62,21	62,2
5,3 ÷ 4	1,325	13,25	0,132 5	2,25
6,25 ÷ 5	12,5	1,25	2,5	0,25
81,36 ÷ 18	45,2	5,42	4,52	3,52

10 Complète le tableau ci-dessous en t'aidant des trois calculs suivants.

741 ÷ 35 ≈ 21,171...

12,4 ÷ 6 ≈ 2,066...

42,1 ÷ 3 ≈ 14,033...

	Arrondi à l'unité près	Arrondi au dixième près	Arrondi au centième près
741÷ 35			
12,4 ÷ 6			
42,1 ÷ 3			

11 Un nombre mystérieux

a. Effectue avec ta calculatrice chaque division jusqu'au septième chiffre après la virgule puis complète la deuxième ligne.

Division	22 par 7	333 par 106	355 par 113
Quotient décimal			

b. De quel nombre connu les résultats précédents sont-ils des approximations ?

....

c. Écris la valeur affichée par ta calculatrice de ce nombre mystérieux.

....

d. Les quotients de **a.** sont des valeurs approchées du nombre mystérieux. Quel est le quotient décimal qui donne la meilleure approximation de ce nombre mystérieux ?

....

12 Divisions décimales infinies

a. Effectue les divisions suivantes jusqu'au millième.

8 5	6
....	....

1 0	1 1
....	....

1 2	7
....	....

5 1	2 1
....	....

b. En utilisant les résultats précédents, complète le tableau ci-dessous.

	Arrondi à l'unité près	Arrondi au dixième près	Arrondi au centième près
85 ÷ 6			
12 ÷ 7			
10 ÷ 11			
51 ÷ 21			

Critères de divisibilité

1 Multiples communs

a. Écris tous les multiples de 2 inférieurs à 40.

....

....

b. Écris tous les multiples de 3 inférieurs à 40.

....

Entoure les nombres qui apparaissent dans les deux listes. Que remarques-tu ?

....

2 Diviseurs communs

a. Écris tous les diviseurs de 18.

....

b. Écris tous les diviseurs de 24.

....

c. Entoure les nombres qui apparaissent dans les deux listes. Que remarques-tu ?

....

3 Critères de divisibilité

a. 157 326 est-il divisible par 2 ? Justifie.

....

....

b. 157 326 est-il divisible par 3 ? Justifie.

....

....

c. 157 326 est-il divisible par 4 ? Justifie.

....

....

d. 157 326 est-il divisible par 5 ? Justifie.

....

....

4 Complète pour que les nombres soient divisibles :

a. **par 2 :** 6 4 ... ; 7 0 4 ... ; 2 ... 5 ... ; ... 4 8 ...

b. **par 3 :** ... 4 2 ; 8 0 ... ; 6 4 3 ... ; 8 ... 2 4

c. **par 6 :** 6 4 ... ; 8 5 3 ... ; ... 2 4 ... ; 3 3 3 ...

5 Complète par Vrai (V) ou Faux (F).

Le nombre est divisible par...	2	3	4	5	9
345					
344					
56 241					
56 242					
56 243					

6 Nombres croisés

	1	2	3	4
A			■	
B			■	
C				■
D		■		

Horizontalement

A - Multiple de 3 et de 5. Diviseur de 25.

B - Multiple de 10. Diviseur de tous les nombres.

C - Diviseur de 222 autre que lui-même.

D - Multiple de 5 (mais pas de 10) si on lui ajoute 1. Multiple de 12 et 7.

Verticalement

1 - Nombre palindrome (nombre pouvant se lire dans les deux sens).

2 - Multiple de 100 si on lui enlève 1.

3 - Multiple de 2 et de 3.

4 - Multiple de 17. Multiple de 2.

7 Trace le chemin pour aller de 180 à 1 sachant qu'on peut monter vers une brique qui contient un multiple ou descendre vers une brique qui contient un diviseur, et qu'on ne peut pas se déplacer à l'horizontale.

180	405	270	108	168	252	945	
60	90	135	54	126	84	126	189
20	45	25	2	42	18	63	
10	56	15	300	300	14	42	9
2	28	3	60	120	7	6	
21	14	42	12	30	45	3	4
7	6	3	5	15	9	1	

1 Calcule astucieusement, sans poser les opérations ni utiliser de calculatrice.

a. (14 × 6) + (14 × 4) = 14 × 10 = ...

b. (86 × 166) − (86 × 6) = 86 × 160 = ...

c. A = (35 × 15) − (35 × 5) = ...

A = ...

d. B = (132 × 76) − (32 × 76) = ...

B = ...

e. C = (198 × 46) + (2 × 46) = ...

C = ...

f. (65 × 11) − 65 = ... = ...

g. D = (26 × 96) + (26 × 5)

D = 26 × 101 = (26 × 100) + (26 × 1)

D = 2 600 + 26 = ...

h. E = (13 × 87) + (13 × 6) + (13 × 9)

E = ...

E = ...

i. F = (48 × 107) − (48 × 5) − (48 × 2)

F = ...

F = ...

2 Produit en somme

a. Complète le tableau suivant.

×	100	1	2
24	2 400	24	....
43	....	....	....

b. En utilisant les résultats du tableau ci-dessus, donne le résultat des produits suivants :

24 × 101 = 2 400 + 24 = 2 424

24 × 99 = ... = ...

24 × 102 = ... = ...

24 × 98 = ... = ...

43 × 101 = ... = ...

43 × 99 = ... = ...

3 Sans effectuer de calculs, relie les expressions qui conduisent au même résultat.

83 × (49 − 4) • • (83 × 49) + (83 × 4)

83 × (49 + 4) • • 49 × (83 + 4)

(49 × 83) + (49 × 4) • • (83 × 49) − (83 × 4)

4 On donne 197 × 17 = 3 349 et 197 × 4 = 788.

a. Calcule sans poser de multiplication (et sans utiliser la calculatrice).

A = 197 × 21 = ...

B = 197 × 13 = ...

C = 197 × 34 = ...

D = 197 × 9 = ...

b. À partir des mêmes données, écris trois autres produits que l'on pourrait effectuer de cette manière.

....

....

5 Sans effectuer les opérations, indique par « vrai » ou « faux » si les calculs suivants sont égaux à 37 × 28.

a. 36 + 1 × 28 : ....

b. 37 × 27 + 27 : ....

c. (30 + 7) × 28 : ....

d. 37 × 27 + 37 : ....

e. 40 × 28 − 3 × 28 : ....

f. (36 + 1) × (29 − 1) : ....

6 On donne la figure ci-contre, formée d'un rectangle et d'un carré.

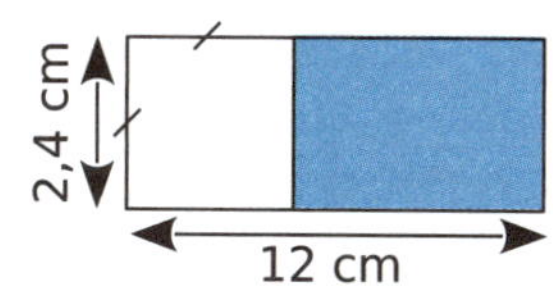

Calcule l'aire du rectangle grisé de deux manières différentes.

1re manière	2e manière
....	....
....	....
....	....
....	....
....	....
....	....
....	....

Série 6 Priorités opératoires

1 Effectue avec ta calculatrice les calculs suivants. Déduis-en l'ordre des opérations effectuées.

a. G = 9 + 2 × 3 − 4 = ...

....

....

....

b. H = 45 + 5 × 3 − 40 = ...

....

....

....

c. I = 5 × 7 − 2 × 6 = ...

....

....

....

d. J = 4 × 9 − 5 + 12 ÷ 6 + 7 = ...

....

....

....

....

....

e. K = 55 − (9 + 2) × 3 − 4 = ...

....

....

....

....

f. L = 6 + 4 × (27 − 7) = ...

....

....

g. M = 28 ÷ (4 + 3) − 2 = ...

....

....

2 Place des parenthèses pour que l'égalité soit vraie.

a. 10 − 1 + 2 + 3 + 4 = 0

b. 9 × 5 + 2 + 3 = 90

c. 1 + 2 × 2 + 3 = 15

d. 7 − 5 × 5 + 11 = 21

3 Place les signes opératoires pour que l'égalité devienne vraie.

a. 7 ...... 7 ...... (6 ...... 4) = 490

b. (9...... 10 ...... 8) ...... 5 = 490

c. 1 000 ...... (100 ...... 5 ...... 10) = 490

d. (3 ...... 4) ...... (30 ...... 40) = 490

4 Une seule expression !

Voici une liste de courses : un classeur à 11 euros, 3 stylos à 4,60 euros pièce et une gomme à 1,40 euros. On donne un billet de 50 euros. On veut savoir combien on nous rend.

a. Avec plusieurs calculs successifs, on peut résoudre le problème. Complète :

- Prix des trois stylos : 3 × 4,60 = ...
- Total des achats : 11 + ... + 1,40 = ...
- Monnaie rendue : 50 − .... = ...

b. **Plus fort ! Avec une seule ligne de calculs !** Complète :

50 − (11 + (3 × ....) + ...) = ...

Pour **les problèmes suivants (exercices 5 et 6)**, écris à l'aide d'une seule expression (comme dans l'exercice 4) les calculs permettant de trouver la réponse en utilisant uniquement les données numériques de l'énoncé, puis calcule-la en utilisant ta calculatrice. N'oublie pas les parenthèses !

5 Au stand d'un vide-grenier, Pierre s'est acheté 4 BD à 2,50 euros chacune et une voiture télécommandée pour 6 euros. Il a payé avec un billet de 20 euros. Combien lui a-t-on rendu ?

....

....

....

6 Émilie avait 50 euros dans sa tirelire. Elle achète une poupée valant 20 euros et trois petites robes coûtant 4 euros chacune. Combien d'argent lui reste-t-il après ses achats ?

....

....

....

Proportionnalité et pourcentages

D1

Série 1 Proportionnalité

1 Pour faire un gâteau au chocolat, 4 œufs sont nécessaires. Combien d'œufs faut-il pour faire deux gâteaux ?

2 Le prix d'un kilogramme de pommes est de 2,50 €. Quel est le prix de deux kilogrammes de pommes ?

3 Julie habite à 3 kilomètres du collège. Elle fait le trajet à vélo en 10 minutes. Quel temps met-elle pour faire 4,5 kilomètres ?

4 10 objets identiques coûtent 22 €, combien coûtent 15 objets ?

5 Mathieu a marqué deux buts en 45 minutes lors du match de football. Combien de buts va-t-il marquer en 90 minutes ?

6 Pour 4,25 €, j'ai acheté cinq baguettes de pain. Pour 5,95 €, j'aurais eu sept baguettes. Le prix payé est proportionnel au nombre de baguettes.
Sans calculer le prix d'une baguette, calcule :

a. le prix de douze baguettes ;

b. le prix de deux baguettes ;

c. le prix de trois baguettes ;

d. le prix de quinze baguettes.

7 Le tableau ci-dessous donne le prix de yaourts identiques vendus par lots de 4, de 8 ou de 16.
Sans calculer le prix d'un yaourt dans chaque lot, détermine si le prix payé est proportionnel ou non au nombre de yaourts achetés.

Nombre de yaourts achetés	4	8	16
Prix payé (en €)	1,70	3,40	6,20

8 **Jus de pommes**

Pour fabriquer 6 L de jus de pommes, on utilise 10 kg de pommes.
Complète le tableau sachant que la quantité de jus de pommes obtenue est proportionnelle à la masse de pommes utilisée.

Masse de pommes (en kg)	10	7	
Quantité de jus de pomme (en L)			1

9 **À la cantine**

Dans une cantine scolaire, la masse de viande utilisée chaque jour est proportionnelle au nombre de repas préparés. Pour la préparation de 20 repas, 4 kg de viande sont utilisés.
Complète le tableau.

Nombre de repas	20	150	
Masse de viande (en kg)			10

10 Complète le tableau de proportionnalité.

6	5		8,5
1,8		1,2	

× ....

11 **À vélo**

Un cycliste parcourt 4 km en 10 min.
Construis un tableau de proportionnalité et réponds par une phrase aux questions posées.

a. À cette même vitesse, combien de temps lui faut-il pour parcourir 14 km ?

b. À cette même vitesse, quelle distance parcourt-il en 45 min ? en une heure ?

12 Pour faire un gâteau pour six personnes, il faut 240 g de farine et 3 œufs.
Quelle masse de farine et combien d'œufs faut-il pour réaliser ce gâteau pour quatre personnes ?

13 Construis le rectangle ci-dessous agrandi 1,5 fois.

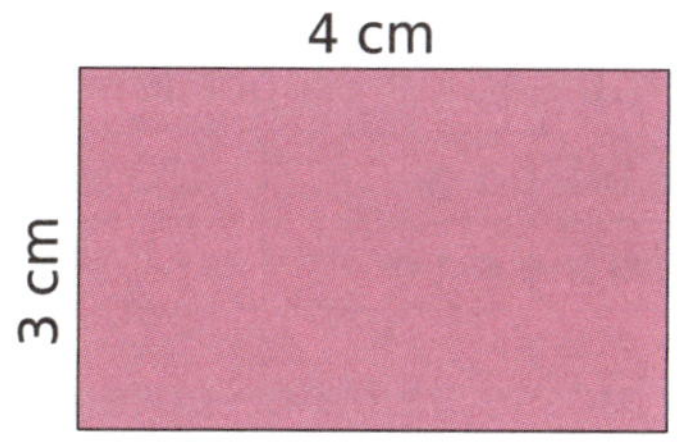

14 Pour fabriquer du chocolat noir, il faut mélanger de la pâte de cacao et du sucre.
Dans une pâtisserie, on a relevé les masses de pâte de cacao et de sucre utilisées les cinq derniers mois dans le graphique ci-dessous.

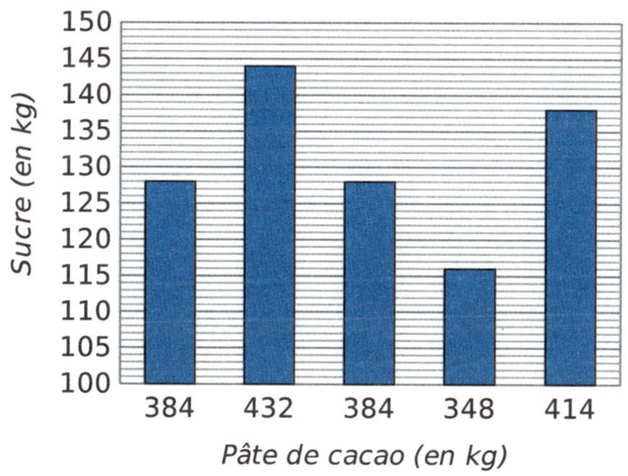

a. À l'aide des données du graphique, construis et complète un tableau comme celui proposé ci-dessous.

Masse de sucre (en kg)			
Masse de pâte de cacao (en kg)			

b. D'après ce tableau, peut-on dire que la masse de sucre est proportionnelle à celle de la pâte de cacao ? Justifie ta réponse.

....

....

15 Jus d'oranges

Voici les prix de deux bouteilles de jus d'oranges de marques différentes :

- marque A : 2,04 € la bouteille de 1,5 L ;
- marque B : 2,69 € la bouteille de 2 L.

Quelle est la marque la plus chère au litre ?
Justifie.

....

....

....

....

16 Longueur d'un arc de cercle

Une place a la forme d'un disque de rayon 10 m. Elle comporte un jardin qui a la forme d'un demi-disque et de deux secteurs angulaires, comme sur le dessin ci-dessous. On souhaite clôturer le jardin par un grillage.

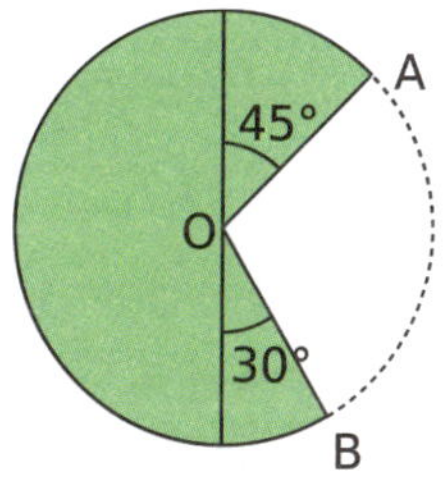

a. Détermine le périmètre de la place, arrondi au décimètre près.

....

b. Détermine la mesure de l'angle $\widehat{AOB}$.

....

c. En sachant que la longueur d'un arc de cercle est proportionnelle à la mesure de l'angle au centre correspondant, complète le tableau ci-dessous afin de calculer la longueur de l'arc de cercle $\overset{\frown}{AB}$.

Mesure de l'angle au centre (en °)	360°	
Longueur de l'arc		

d. Quelle longueur de grillage faudra-t-il prévoir ? (Tu donneras un arrondi au dm près.)

....

e. Le grillage est vendu à 3,45 € le mètre.
Combien coûtera l'achat du grillage ?
(Tu donneras un arrondi au centime près.)

....

Série 2 Pourcentages

1 Colorie la surface du dessin correspondant au pourcentage indiqué.

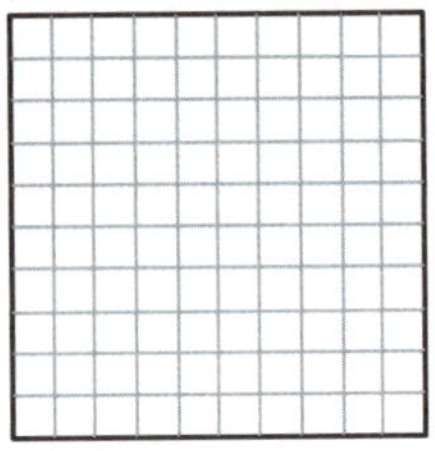
100 %

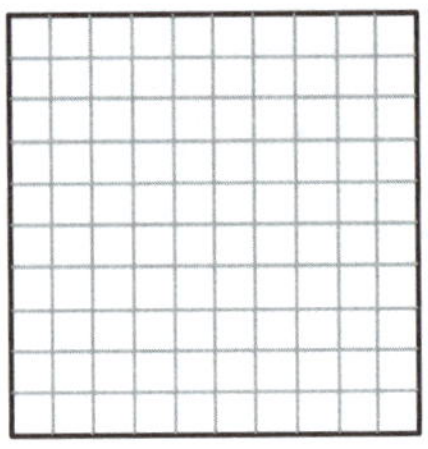
25 %

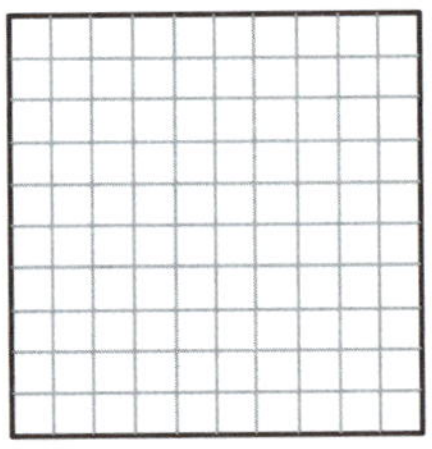
75 %

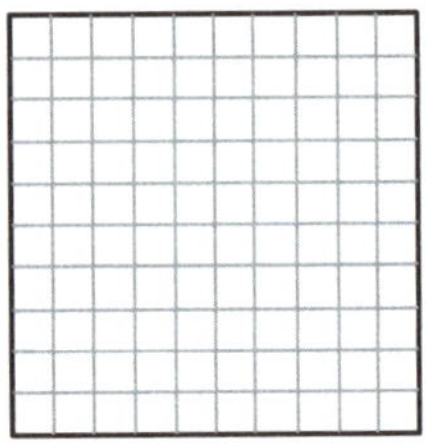
15 %

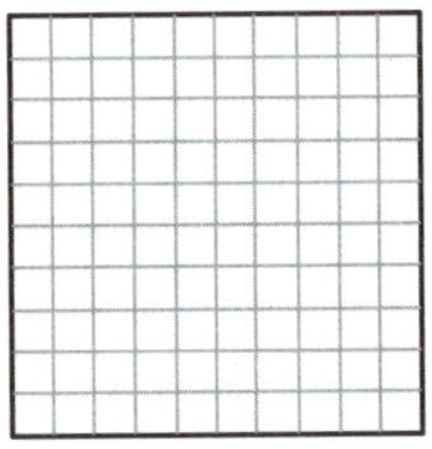
50 %

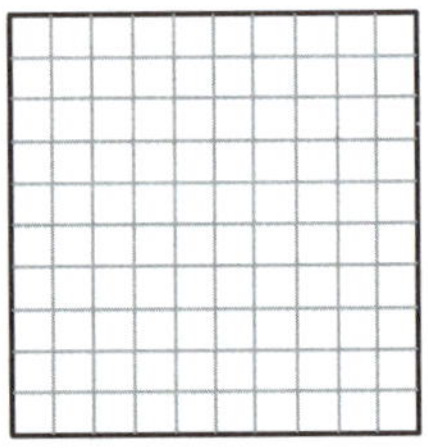
10 %

2 Pourcentages particuliers

a. Écris chaque pourcentage sous la forme d'une fraction simplifiée.

50 % : $\frac{\dots}{\dots}$ 25 % : $\frac{\dots}{\dots}$ 5 % : $\frac{\dots}{\dots}$

10 % : $\frac{\dots}{\dots}$ 20 % : $\frac{\dots}{\dots}$ 75 % : $\frac{\dots}{\dots}$

b. Calcule mentalement.

25 % de 12 € : ....

10 % de 160 g : ....

50 % de 438 m : ....

20 % de 45 L : ....

75 % de 28 min : ....

5 % de 48 km : ....

3 Au collège

Dans un collège de 575 élèves, 28 % des collégiens sont en 6e. Calcule le nombre d'élèves de 6e dans ce collège.

....

....

....

4 Farine de blé

Le blé donne 80 % de sa masse en farine.

a. Complète le tableau de proportionnalité.

Masse de blé en g	100	500	
Masse de farine en g			500

b. Quelle est la masse de farine obtenue à partir de 500 g de blé ?

....

c. Quelle masse de blé faut-il pour obtenir 500 g de farine ?

....

5 Pendant les soldes

Durant les soldes, un commerçant effectue une remise de 40 % sur tous les articles de son magasin.

a. Complète le tableau de proportionnalité :

Prix initial en €	100	20	39
Remise effectuée en €	40		

b. Quelle est la remise effectuée sur un pull coûtant 20 € ?

....

....

c. Quel est le nouveau prix de ce pull ?

....

....

d. Quel est le nouveau prix d'un pantalon qui coûtait 39 € avant les soldes ?

....

....

6 Pour faire une boisson à la fraise, Maxime met 4 volumes de sirop pour 7 volumes d'eau. Sofia, quant à elle, met 5 volumes du même sirop pour 9 volumes d'eau.
Qui obtient la boisson la plus sucrée ?
Justifie.

....

....

....

....

....

....

....

Utiliser des données

D2

Représenter

1 Ce tableau présente les distances en kilomètres entre plusieurs grandes villes françaises.

	Bordeaux	Lille	Lyon	Marseille	Paris	Toulouse
Bordeaux	-	786	549	657	559	250
Lille	786	-	668	979	224	905
Lyon	549	668	-	316	473	467
Marseille	657	979	316	-	769	400
Paris	559	224	473	769	-	681
Toulouse	250	905	467	400	682	-

a. Quelle est la distance :

• entre Bordeaux et Paris ? ....

• entre Toulouse et Marseille ? ....

b. Quelles sont les deux villes distantes d'exactement 668 km ?

....

....

c. Quelles sont les deux villes les plus proches ?

....

d. Quelles sont les deux villes les plus éloignées ?

....

e. Il y a une erreur dans ce tableau. Trouve-la !

....

....

2 Lis le tableau et complète.

		6^e	5^e	4^e	3^e	Total
Garçons	**Externes**	40	33	37	49	159
	Demi-pensionnaires	36	40	34	32	142
Filles	**Externes**	41	37	46	45	169
	Demi-pensionnaires	32	37	28	32	129
Total		149	147	145	158	599

a. L'effectif des filles externes en 6e est : ....

b. L'effectif des garçons demi-pensionnaires en 3e est :

....

c. L'effectif des filles demi-pensionnaires est :

....

d. L'effectif des garçons externes est : ....

e. L'effectif des élèves en 5e est : ....

f. L'effectif des élèves est : ....

g. L'effectif des externes en 4e est : ....

h. L'effectif des externes est : ....

i. L'effectif des filles est : ....

3 Le tableau suivant présente les résultats d'une enquête sur le nombre de personnes possédant un animal domestique.

		Chien	
		OUI	**NON**
Chat	**OUI**	56	344
	NON	405	165

Combien de personnes :

a. ont un chien mais pas de chat ? ....

b. ont un chat mais pas de chien ? ....

c. ont un chien ? ....

4 Ce tableau indique le temps mis par trois concurrentes, en course à pied, par étape.

	Étape 1	Étape 2	Étape 3	Étape 4
Lise	6 min 32 s	12 min 4 s	3 min 49 s	6 min 8 s
Nadia	6 min 24 s	12 min 48 s	3 min 12 s	5 min 16 s
Julie	5 min 51 s	13 min 11 s	4 min 47 s	7 min 37 s

a. Qui a été la plus rapide à l'étape 1 ? ....

b. À quelle étape Lise a-t-elle été la plus rapide ?

....

c. En combien de temps Nadia a-t-elle couru les deux premières étapes ?

....

5 Julie désire se rendre à Paris. Elle consulte les horaires des trains au départ de Toulon.

	Train n° 6 123	Train n° 7 258	Train n° 8 766	Train n° 8 989	Train n° 56 789	Train n° 78 995
Toulon		15 h 32 min	16 h 05 min	17 h 09 min	17 h 20 min	18 h 24 min
Marseille	14 h 09 min	16 h 32 min		17 h 58 min	18 h 10 min	
Aix-en-Provence	14 h 35 min			18 h 11 min	18 h 24 min	19 h 18 min
Avignon	14 h 58 min		17 h 32 min		18 h 47 min	
Paris		19 h 32 min	20 h 15 min	21 h 11 min	21 h 32 min	22 h 15 min

a. Pourquoi certaines cases sont-elles grisées ?

....

b. Quel train est le plus rapide pour relier Toulon à Paris ? ....

c. En faisant une partie du trajet en voiture, Julie n'a passé que trois heures en train pour aller à Paris. De quelle(s) ville(s) a-t-elle bien pu partir ?

....

6 Le diagramme ci-dessous donne la proportion (en %) de fumeurs réguliers de tabac en France, suivant l'âge et le sexe, en 2010 (*Source : Inpes*).

Quel est le pourcentage de fumeurs :

a. chez les hommes de 35 à 44 ans ? ....

b. chez les femmes de 26 à 34 ans ? ....

c. chez les hommes de 65 à 74 ans ? ....

d. chez les hommes de 20 à 25 ans ? ....

e. chez les femmes de 55 à 64 ans ? ....

f. chez les hommes de 15 à 19 ans ? ....

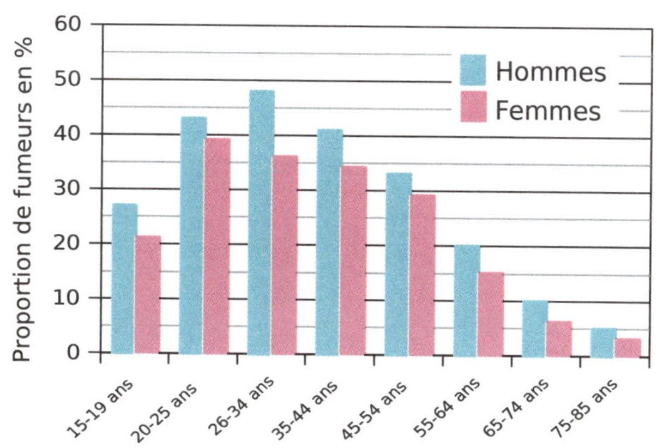

7 Pour déterminer quelques distances de freinage d'un véhicule sur route sèche, on a effectué des mesures à différentes vitesses, illustrées par le graphique ci-contre.

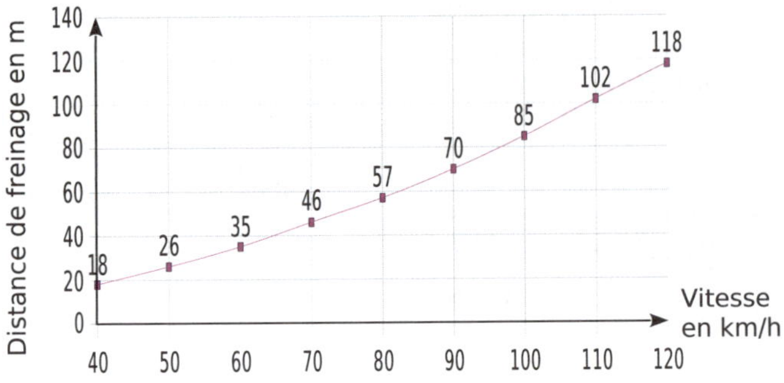

a. Complète le tableau en utilisant le graphique.

Vitesse (en km/h)	50	70			110	120
Distance de freinage (en m)			70	85		

b. Sur route mouillée, cette distance de freinage est deux fois plus grande que sur route sèche à vitesse égale. Complète le tableau suivant.

Vitesse (en km/h)	70		
Distance de freinage sur route sèche (en m)		35	
Distance de freinage sur route mouillée (en m)			140

c. Aujourd'hui il pleut et Joël part pour un petit tour de voiture en ville. S'il doit s'arrêter pour éviter un obstacle, combien de mètres fera-t-il au maximum avant l'arrêt de son véhicule, s'il roule à la vitesse maximale autorisée ?

....

....

....

....

8 Dans le diagramme en bâtons ci-dessous, on a représenté le nombre de **e** (avec ou sans accent) dans chacun des 22 quatrains du poème de Victor Hugo *Booz endormi*.

a. Combien de **e** trouve-t-on dans le 8e quatrain de *Booz endormi* ?

....

b. Dans quel quatrain trouve-t-on exactement 25 **e** ?

....

c. Combien de **e** trouve-t-on en tout dans les 6 derniers quatrains ?

....

....

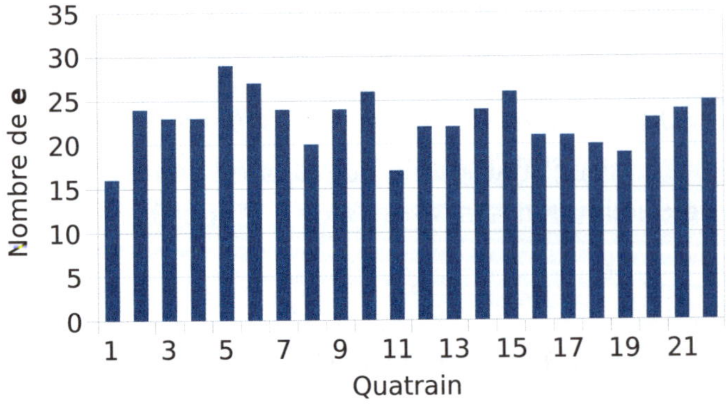

d. Dans quel(s) quatrain(s) compte-t-on moins de 20 **e** ?

....

e. Dans quel(s) quatrain(s) compte-t-on plus de 30 **e** ?

....

9 Dans le diagramme en bâtons ci-dessous, on a représenté le nombre de chaque voyelle (avec ou sans accent) dans chacun des 14 vers du poème d'Arthur Rimbaud *Voyelles* (le travail pour le 14e vers est incomplet).

a. Dans quels vers la voyelle **e** n'est-elle pas la plus fréquente ?

....

b. Combien de voyelles y a t-il dans le 10e vers ?

....

c. Le quatorzième vers est :

- O l'Oméga, rayon violet de Ses Yeux !

Complète le diagramme.

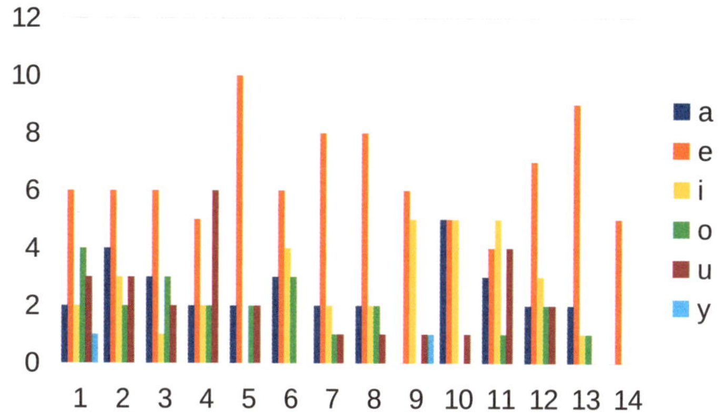

10 Le diagramme ci-dessous donne les résultats de Tal Hesse (en noir) et la moyenne de la classe (en rouge) pour chaque matière enseignée.

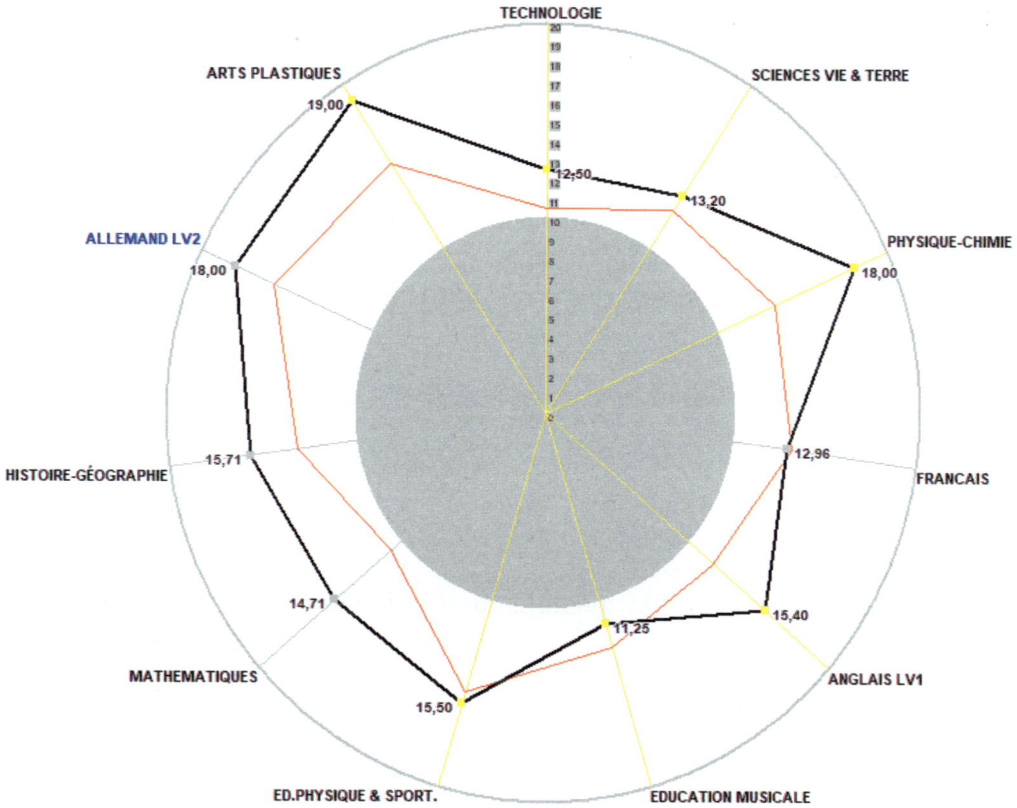

a. Combien Tal a-t-elle obtenu en histoire-géographie ?

....

b. Quelle est la moyenne de la classe de Tal en technologie ?

....

c. Dans quelles matières Tal a-t-elle une note au-dessus de la moyenne de la classe ?

....

....

....

11 Dans le diagramme circulaire ci-dessous, on a représenté le nombre de chaque voyelle du poème *Voyelles* d'Arthur Rimbaud (il y en a 219 en tout).

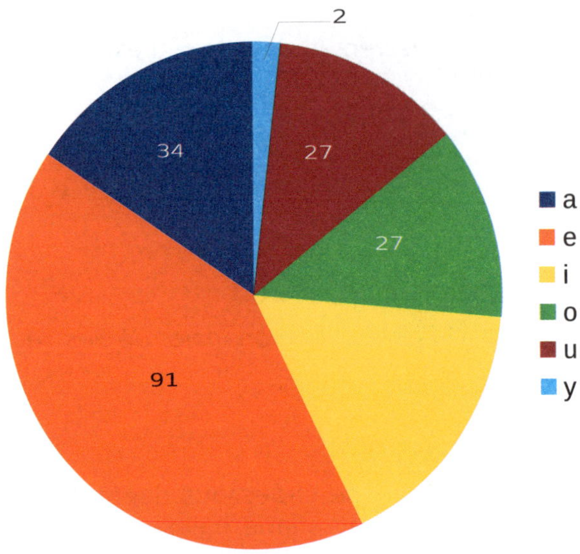

a. À l'aide de ton compas, détermine s'il y a plus ou moins de **i** que de **a**. Justifie.

....

....

b. Détermine, par le calcul, le nombre de **i** et complète le diagramme ci-contre.

....

....

Le disque ci-dessous a le même rayon que le précédent et peut être facilement partagé en 100 parts grâce aux graduations. À l'aide de ton compas, reporte dans ce disque les secteurs du disque précédent et déduis-en le pourcentage d'apparition de chaque voyelle dans le poème (complète la légende et inscris les pourcentages dans chaque secteur).

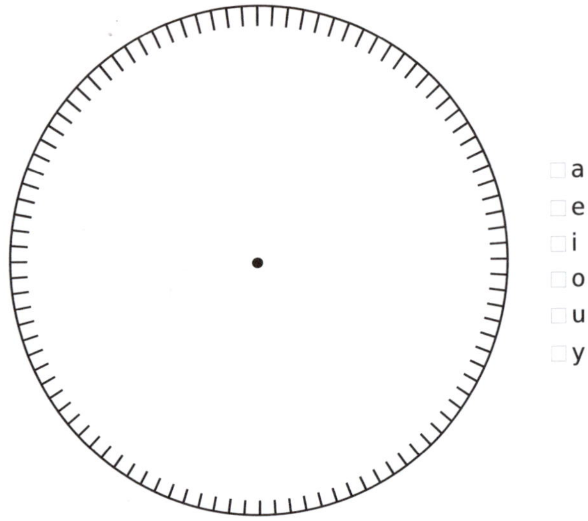

c. Retrouve les résultats précédents par le calcul.

....

....

....

....

....

....

....

....

12 Dans chaque cas, en t'aidant des angles mesurés, détermine le pourcentage correspondant à chacun des secteurs.

a.

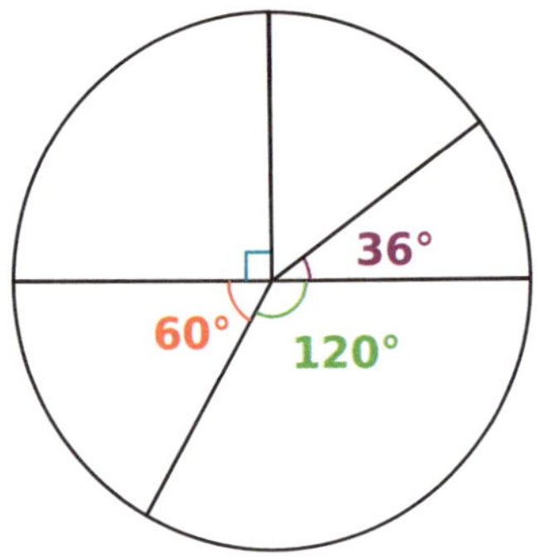

....

....

....

....

....

....

....

....

b.

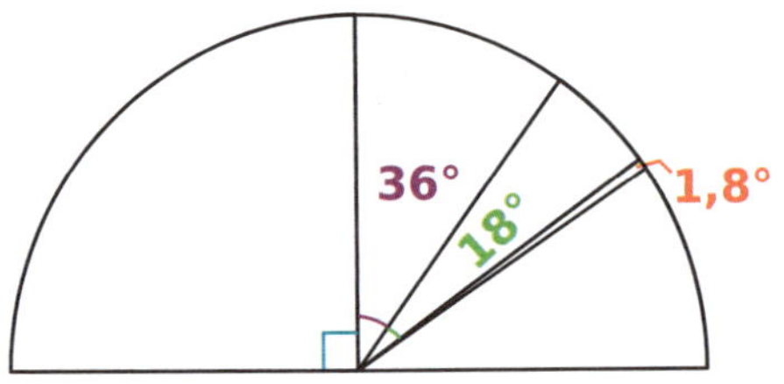

....

....

....

....

....

....

Organiser

1 Dans les classes de 6ᵉ 1 et 6ᵉ 2 d'un collège, 32 élèves sont demi-pensionnaires dont 14 sont en 6ᵉ 2. Les 11 autres élèves de la classe sont externes comme 9 élèves de la classe de 6ᵉ 1.

a. Complète le tableau.

	6ᵉ 1	6ᵉ 2	Total
Externes			
Demi-pensionnaires			
Total			

b. Combien d'élèves y a-t-il en 6ᵉ 1 ?

....

2 Complète les tableaux suivants.

Population d'un village	Moins de 50 ans	Au moins 50 ans	Total
Femmes	190		420
Hommes			555
Total	395		

Population d'un collège	6ᵉ	5ᵉ	4ᵉ	3ᵉ	Total
Latinistes		25	20	40	
Non latinistes					555
Total	170	140	155		640

Population d'un centre pour animaux	Vaccinés	Non vaccinés	Total
Chats	197		271
Chiens		146	
Total	782		

3 Dans un tableur, on a rassemblé des données concernant les 381 romans présents dans une bibliothèque. Ils ont été triés selon le genre de leur auteur (ou autrice) et celui de leur personnage principal.

	A	B	C	D	E
1	Personnage principal	Une femme	Un homme	Aucun	Total
2	Roman écrit par une femme				152
3	Roman écrit par un homme	48	157		
4	Total	111	**=E4-(B4+D4)**	41	381

a. Ouvre un nouveau classeur de tableur et complète une feuille de calcul comme indiqué ci-dessus (y compris la couleur en arrière-plan des cases vides).

b. Dans la cellule **C4**, tape **=E4-(B4+D4)** puis tape sur **Entrée**.
Qu'obtiens-tu ? Explique pourquoi.

....

....

c. Quelle formule taper dans les autres cases vides pour obtenir l'effectif attendu ?
Complète le tableau ci-dessus avec ces formules.

d. Commente les résultats de ce tableau.

....

....

e. Dans la cellule **E4**, tape **500** puis tape sur **Entrée**.
Qu'obtiens-tu ? Explique pourquoi.

....

....

f. Dans la cellule **E4**, tape **300** puis tape sur **Entrée**.
Qu'obtiens-tu ? Explique pourquoi.

....

....

g. Change toutes les valeurs des cellules **B3**, **B4**, **C3**, **D4**, **E2** et **E4** de manière à ce qu'aucun nombre négatif n'apparaisse dans le tableau et écris ces six valeurs dans le tableau ci-dessous sur le cahier de ton voisin.

Personnage principal	Une femme	Un homme	Aucun	Total
Roman écrit par une femme				
Roman écrit par un homme				
Total				

h. Calcule à la main les résultats des cases vides du tableau complété par ton voisin puis demande-lui de les vérifier depuis son ordinateur.

....

4 Madame Hypatie a étudié la répartition géographique des élèves de son collège et a noté sur son cahier de brouillon :

Habitent à moins d'un kilomètre du collège	Entre 1 km et 5 km du collège	Entre 5 km et 10 km du collège	À plus de 10 km du collège
Un élève sur 12	Un quart des élèves		La moitié des élèves

a. Complète et colorie le diagramme circulaire ci-dessous en choisissant bien la légende afin de présenter tous ces résultats.

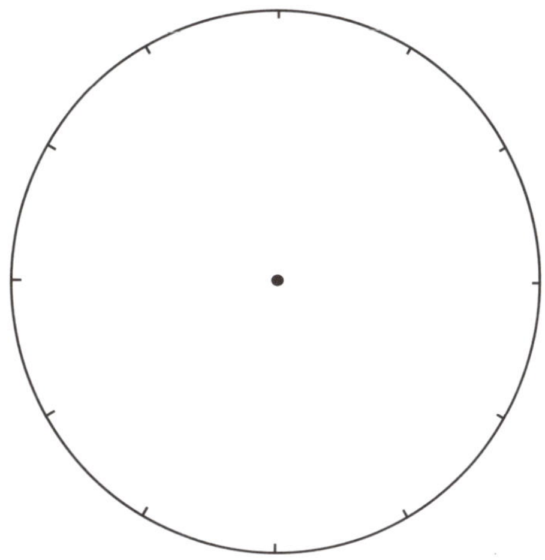

b. Complète la cellule vide du tableau ci-dessus.

5 Dans le poème *Vocalisations* de Georges Pérec, il y a 212 voyelles, dont 56 A ; 44 U ; 62 I ; 49 O et un seul Y.

a. À l'aide de ces données, complète le tableau suivant.

Voyelles	Y	A	U	I	O
Nombre d'occurrences		56			
Proportion parmi les voyelles (en pourcentage arrondi à l'unité)					
Angle représentant cette proportion dans un diagramme semi-circulaire (arrondi au degré)					

b. À l'aide de la dernière ligne, construis un diagramme semi-circulaire de rayon 4 cm représentant les proportions de chacune de ces lettres parmi les voyelles du texte.

6 Diagramme ombrothermique

Un diagramme ombrothermique est un type particulier de diagramme climatique représentant les variations mensuelles sur une année des températures et des précipitations selon des gradations standardisées : une gradation de l'échelle des précipitations correspond à deux gradations de l'échelle des températures.

On peut alors identifier un épisode de canicule au fait que la courbe des températures passe au-dessus des bâtons des précipitations.

Par exemple, ci-dessous un diagramme ombrothermique caractéristique d'un climat méditerranéen.

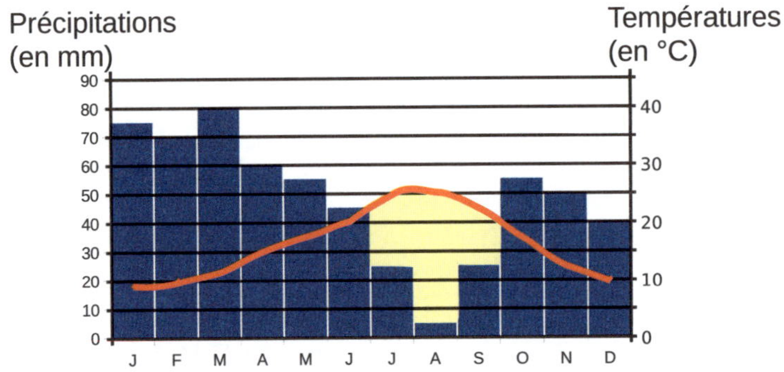

a. En choisissant bien les graduations des axes, trace ci-dessous le diagramme ombrothermique d'un climat de mousson dont voici les données pluviothermiques.

Mois	J	F	M	A	M	J	J	A	S	O	N	D
Précipitations (mm)	5	5	5	0	20	480	620	340	260	60	10	5
Température moyenne (°C)	24	25	26	27	26	25	25	26	27	27	26	25

b. À quelle période observe-t-on des épisodes de canicules dans un climat de mousson ?

....

....

....

c. Compare le niveau de précipitations suivant les saisons entre le climat méditerranéen et le climat de mousson.

....

....

....

....

D3

Se repérer

Se repérer

1 À Paris, Louise dispose d'un plan dont voici un extrait.

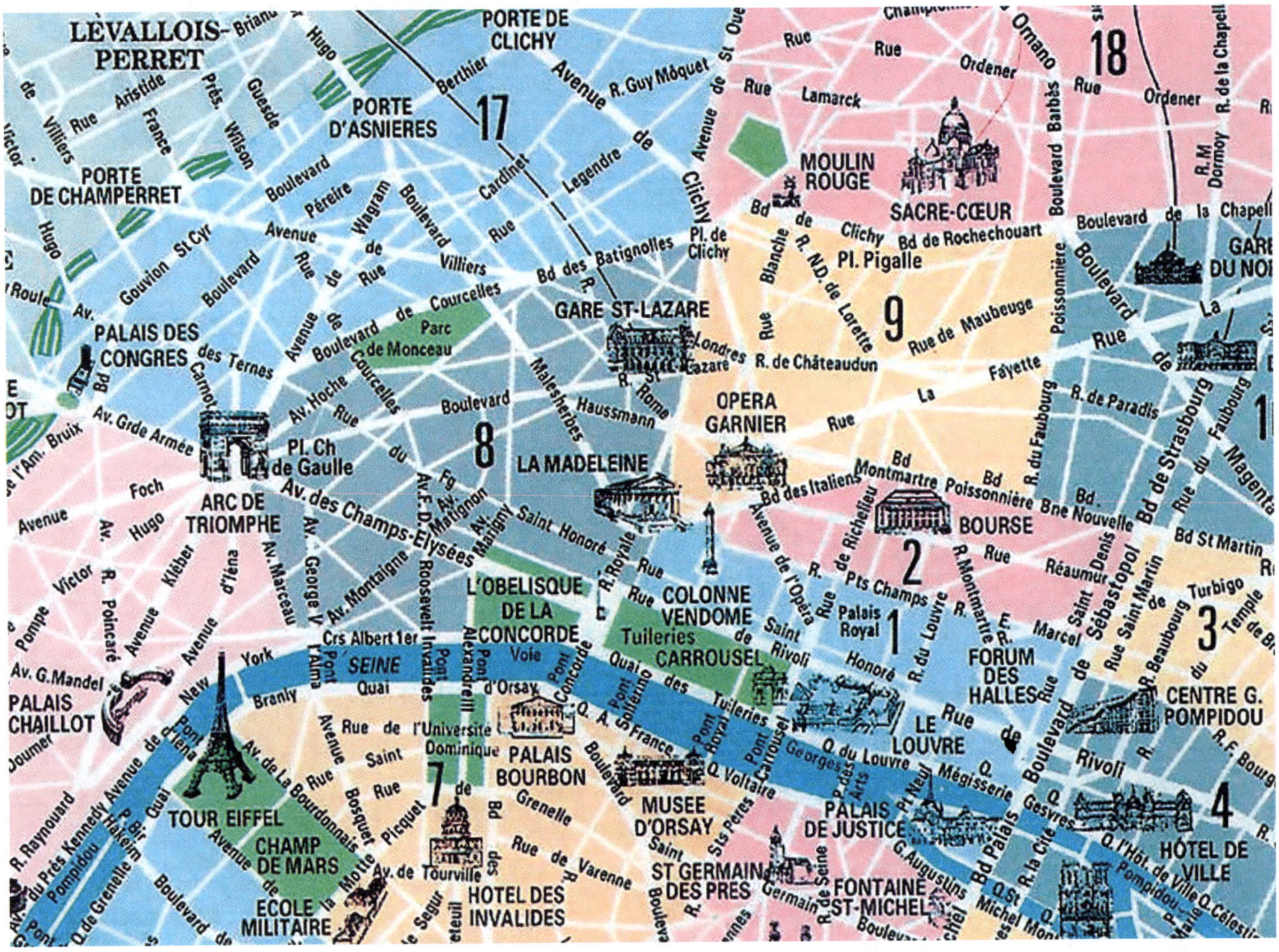

Source : http://www.plandeparis.info/DR

a. Cite trois espaces verts qui sont représentés sur la carte.

....

b. Quel est le bâtiment qui se situe dans le 17e arrondissement de Paris ? ....

c. Dans quel arrondissement et dans quelle case se situe :

• le musée du Louvre ?	• la gare Saint-Lazare ?	• l'hôtel de ville ?
....	....	....

d. Louise se rend à la tour Eiffel. Elle décide ensuite de marcher jusqu'au Sacré-Cœur. Elle dispose d'indications qu'elle avait chargées sur Internet. Trace en rouge son trajet sur le plan à l'aide des indications écrites.

- Prendre le quai Branly jusqu'au Pont de l'Alma.
- Traverser le pont de l'Alma et prendre l'avenue Montaigne jusqu'au rond point des Champs-Élysées.
- Continuer tout droit sur l'avenue Matignon.
- Se diriger vers la gare Saint-Lazare et prendre la rue Saint-Lazare jusqu'à l'église de la Trinité.
- Tourner alors sur la rue Blanche.
- Tourner à droite sur le boulevard de Clichy.
- Continuer sur le boulevard de Rochechouard jusqu'au métro Anvers.
- Tourner à gauche sur la rue de Steinkerque.
- On arrive au square Louise Michel qui est situé au pied du Sacré-Cœur.

2 Dans un tableur

Voici la copie d'écran d'un classeur.

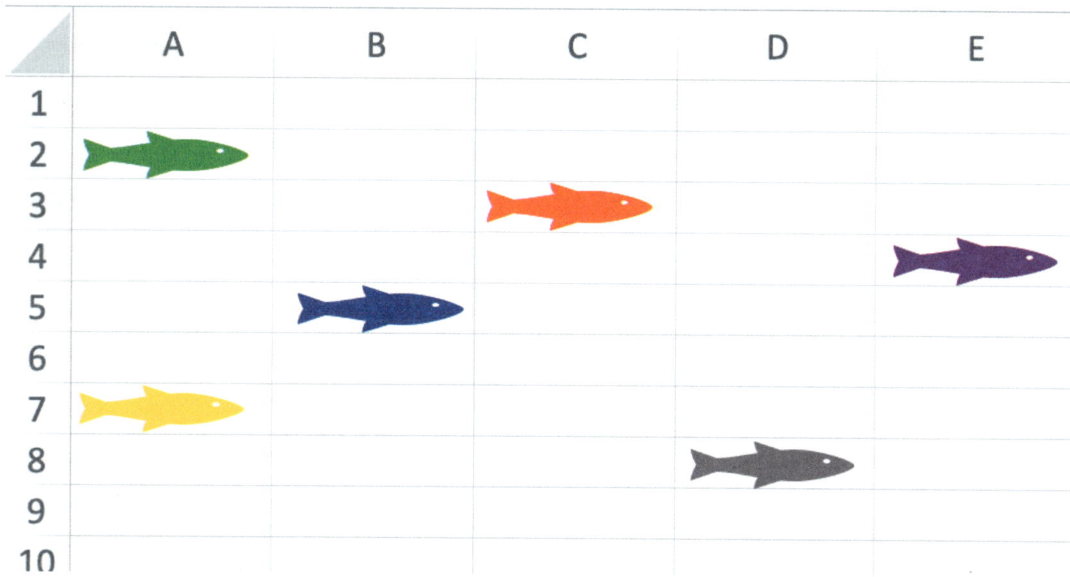

Indique la position de chacun des poissons :

- vert : ....
- violet : ....
- gris : ....
- rouge : ....
- jaune : ....
- bleu : ....

3 L'île de la Réunion

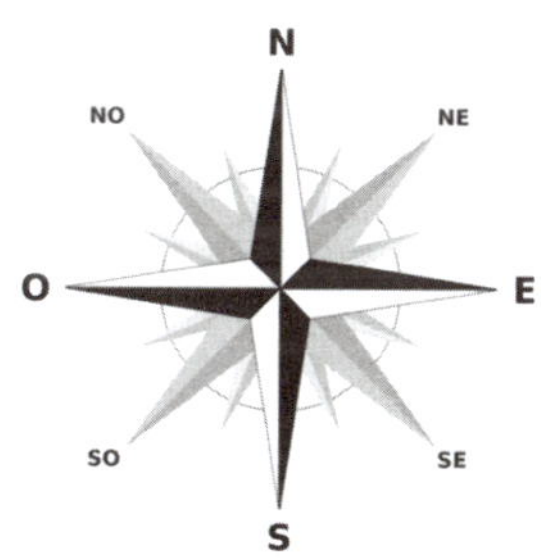

Source : vis – Carte éditée pour iledelareunion.net/DR

a. Quelle(s) ville(s) de la carte se situe(nt) :

- à l'Est de la Plaine des Palmistes ? ....
....
- au Sud-Ouest de Cilaos ? ....
- au Nord de Salazie ? ....

b. Où se situe le Piton de la Fournaise par rapport :

- à Saint-Benoît ? ....
- au Tremblet ? ....
- à l'Entre-Deux ? ....
- au Piton des Neiges ? ....

Se déplacer

1 (*Source : IREM Paris-Nord*)

Un trésor est caché quelque part. Tu disposes d'une boussole et d'un morceau de papier contenant des indications. Sauras-tu le retrouver ?

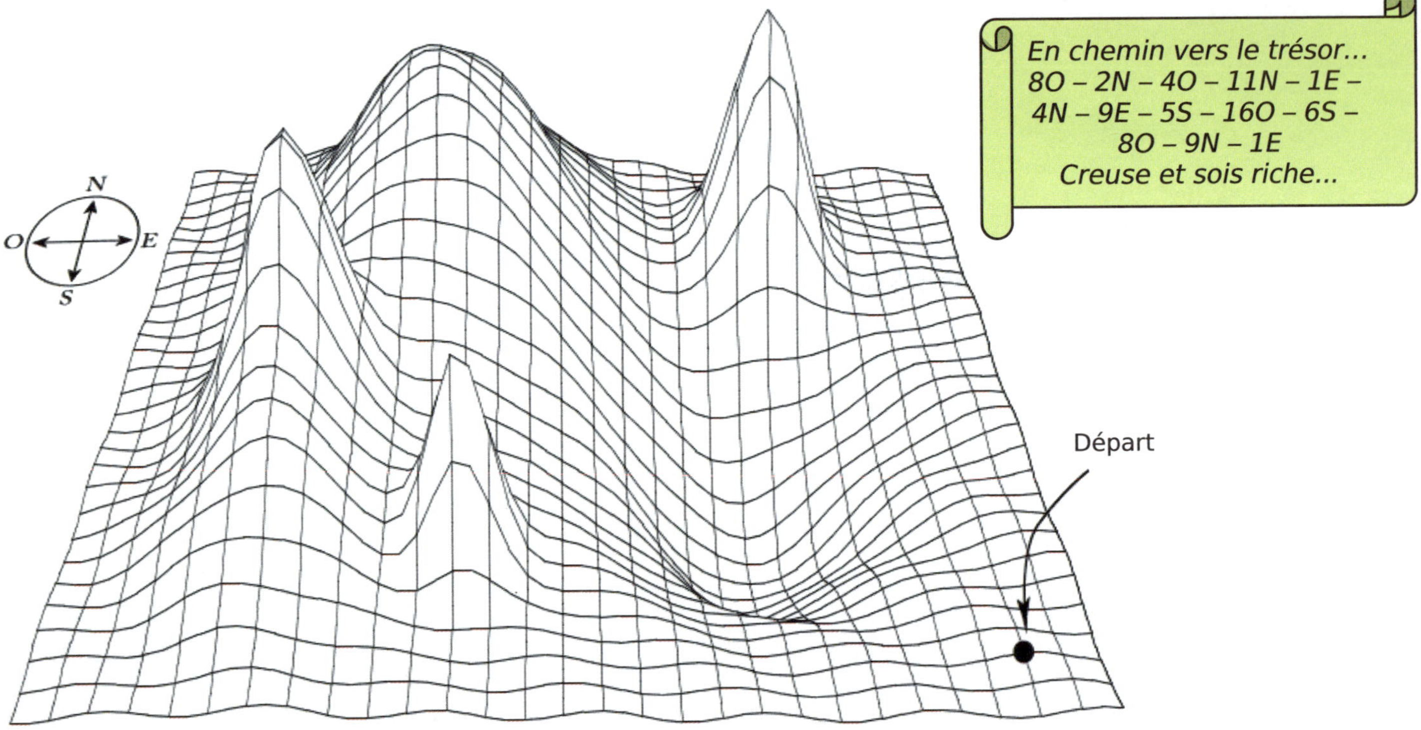

2 Dessine ci-dessous les trajets parcourus par le hérisson s'il suit les instructions suivantes.

a. Trajet à tracer en bleu : Répéter 3 fois « Haut – Haut – Droite – Bas – Droite ».

b. Trajet à tracer en rouge : Répéter 2 fois « Bas – Droite – Droite ».

c. Trajet à tracer en vert : Répéter 4 fois « Répéter 3 fois « Droite » – Haut ».

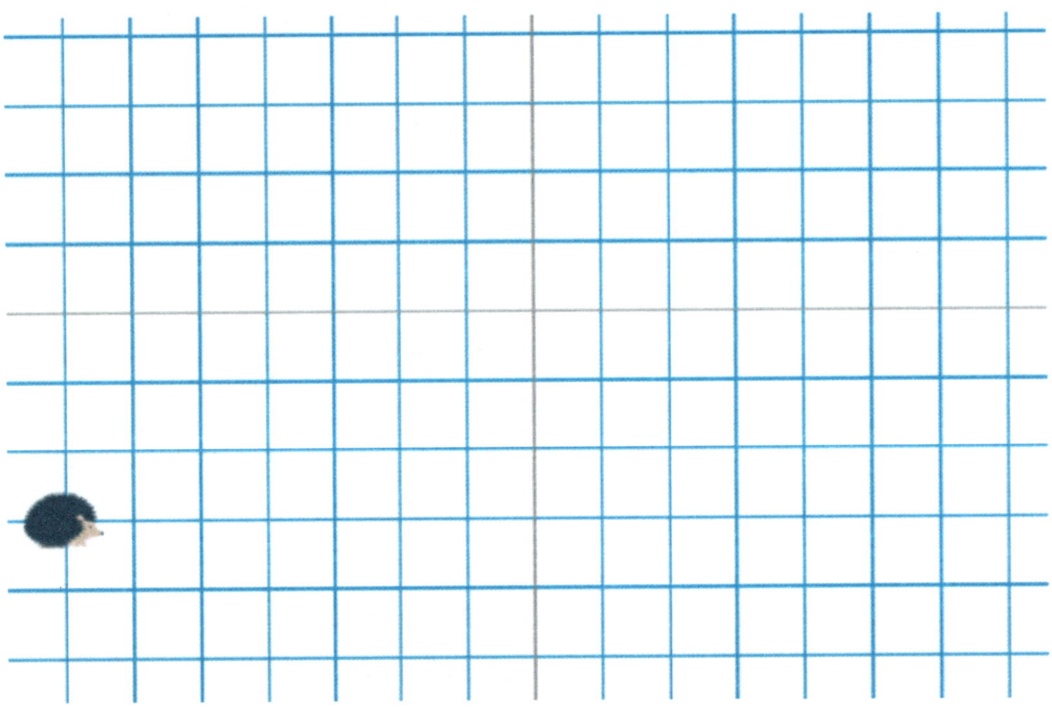

Convertir des unités

M1

Longueurs

1 Apprendre à convertir

Prenons la distance 615,3 m. On veut la convertir en hm.

Le chiffre des unités de 615,3 est 5. L'unité de longueur est le m.
On pourra dire que le chiffre des m est 5.

Ainsi :

le chiffre des dam est 1 ;

le chiffre des hm est 6 ;

le chiffre des dm est 3.

Si on veut changer d'unité de longueur, par exemple convertir 615,3 m en hm, le chiffre des hm devient alors le chiffre des unités : 6,153 hm.

Dans le tableau suivant, place les chiffres des distances proposées à leur place, puis convertis dans l'unité demandée.

		km	hm	dam	m	dm	cm	mm	
a.	524 m								dm
b.	130 004 cm								dam
c.	2 km et 425 mm								dm
d.	12 hm et 6 m								dam
e.	2,095 dam								dm

2 Convertis chaque longueur dans l'unité indiquée.

		En km	En hm	En dam	En m	En dm
a.	95 hm					
b.	5,725 km					
c.	84,59 dm					

3 Voici différentes distances :

A = 4,5 km, B = 450 mm, C = 4 500 cm, D = 45 dam, E = 0,45 dm, F = 0,045 hm.

a. Reporte-les dans le tableau ci-dessous.

	km	hm	dam	m	dm	cm	mm
A							
B							
C							
D							
E							
F							

b. Range-les de la plus courte à la plus longue.

....

Série 2 Masses

1 Complète avec l'unité de masse la plus adaptée.

a. Un hélicoptère : 1,9 ....

b. Une orange : 180 ....

c. Une bouteille d'eau : 1 ....

d. Un iceberg : 180 000 ....

e. Une fourmi : 18 ....

f. Un grain de maïs : 35 ....

2 Calcule la masse du poulet en kilogrammes et celle du régime de bananes en grammes.

a.

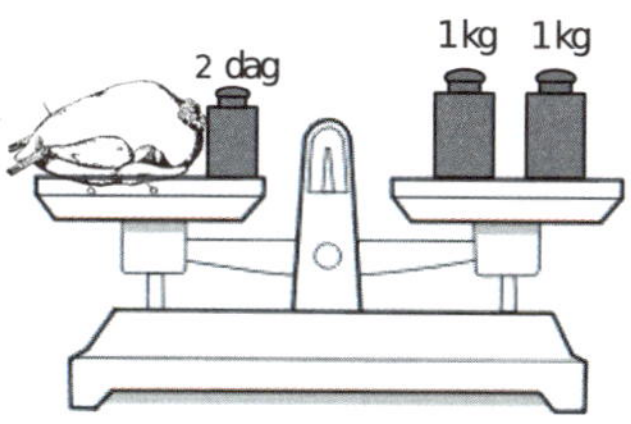

b.

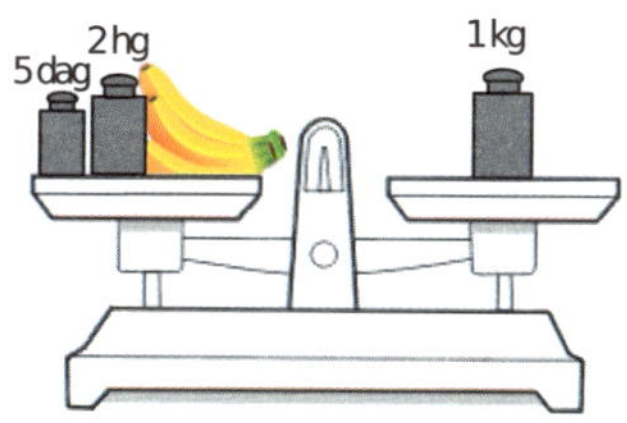

3 Le bousier est l'insecte le plus fort du monde. Il est capable de soulever 1 141 fois sa propre masse !

a. Quelle masse porterait un enfant pesant 42 kg, s'il était aussi fort que le bousier ?

b. Combien d'éléphants de 5 tonnes pourrait-il ainsi soulever ?

4 Pour faire une salade de fruits, Capucine a besoin de :

- 0,5 kg de pommes ;
- 750 g de poires ;
- 300 g d'oranges ;
- 0,4 kg de bananes ;
- 1 citron.

Quand elle pèse le tout, elle obtient 2 kg.
Combien pèse le citron ?

5 Pour faire une tarte aux myrtilles, Sarah a besoin de :

- 300 g de farine ;
- 50 cL d'eau, qui pèsent 5 hg ;
- 2 g de sel ;
- 1,25 kg de myrtilles, vendues par barquettes de 250 g, à 2,30 euros la barquette ;
- 25 cL de crème fraîche, qui pèsent 0,3 kg ;
- 1 œuf, qui pèse 20 g.

a. Combien de barquettes de myrtilles doit-elle acheter, et combien cela lui coûte-t-il ?

b. Quelle est la masse totale de la tarte ?

6 Une tarte est faite à partir de 500 g de farine, 50 cL d'eau qui pèsent 0,5 kg, 30 dg de sel, 2 œufs (1 œuf pèse 1 dag), 3 cuillerées de crème fraîche (1 cuillerée de crème fraîche pèse 2,5 dag). Après cuisson, cette tarte pèse 900 g.
Quelle masse a été perdue lors de la cuisson ?

Capacités

1 On a indiqué la capacité de chaque récipient. Précise sous chacun d'eux et dans la même unité dans quelle mesure ils ont été remplis ou remplis-les selon la contenance indiquée.

5 L	100 L	1 L	100 mL
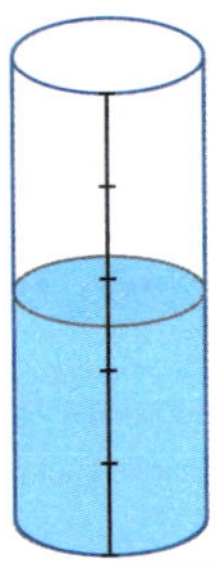	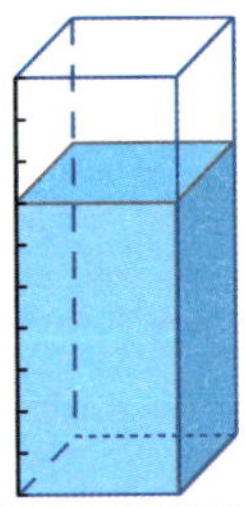		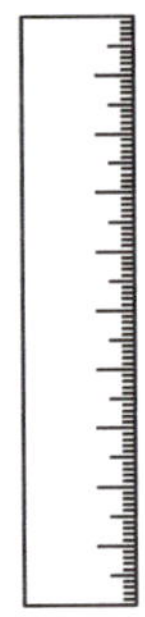
.... L	 L	0,7 L	85 mL

2 On a indiqué la capacité de chaque récipient. Précise sous chacun d'eux et dans la même unité dans quelle mesure ils ont été remplis ou remplis-les selon la contenance indiquée. Attention à l'unité indiquée dans la seconde ligne du tableau.

1 daL	750 mL	50 L	1 L
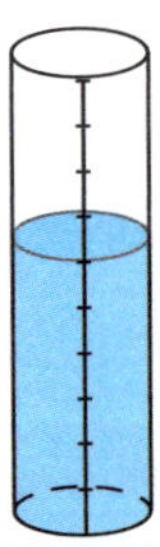	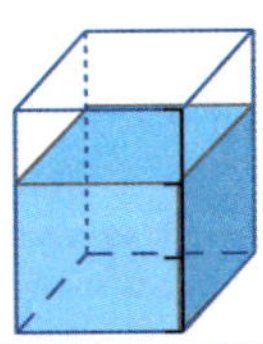	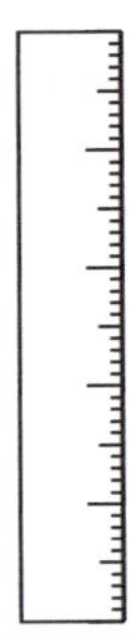	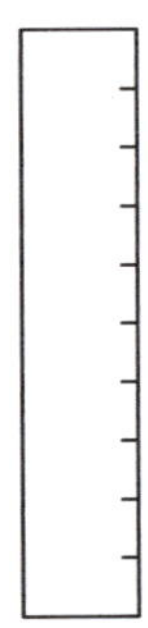
.... dL	 L	0,5 daL	800 mL

3 Convertis chaque mesure dans une unité plus adaptée, comme dans l'exemple.

	55 000 mL	55 L
a.	120 000 cL	
b.	0,0015 hL	
c.	0,0332 daL	
d.	4 500 L	
e.	1 300 000 mL	

4 Après avoir converti, ajoute.

a. 34 L + 2 hL = ... = ... L

b. 4,56 cL + 5 dL = ...= cL

c. 73 mL + 0,45 dL = ...= cL

d. 0,78 dL + 45 mL = ... = ... cL

5 Une baignoire contenant 2,4 hL d'eau sert de réservoir d'eau potable.
Combien de bouteilles de 1,5 L peut-on remplir avec son contenu ?

....

....

....

6 Un verre contient 24 cL. Pour faire de la menthe à l'eau, il faut en proportion un huitième de menthe pour sept huitièmes d'eau.
Combien de verres de menthe à l'eau pourra-t-on remplir avec une bouteille de sirop de menthe de 0,75 L ?

....

....

....

....

7 Avant la Révolution française, les unités n'étaient pas uniques. Voici quelques exemples de capacités avant la détermination du litre comme unité « universelle » :

- Le Velte (7,62 L)
- Le Litron (0,79 L)
- Le Sétier de Gap (48 L)
- La Feuillette (137 L)
- Le Civeyre (4 L)
- La Chopine (0,33 L)

a. Range ces différentes unités dans l'ordre croissant de leur capacité.

....

....

b. Aux États-Unis, une autre unité de capacité a été adoptée pour certaines mesures (en particulier pour l'essence) : c'est le galon, qui vaut 3,785 411 784 L. Parmi les capacités précédentes, entre lesquelles placerais-tu le galon ?

....

....

8 Pour faire un gâteau, Héloïse doit utiliser trois quarts de litre de lait. Malheureusement, pour ajouter cette quantité, elle utilise un verre de 10 cL.
Combien de fois doit-elle utiliser ce verre ?

....

....

Série 4 Temps et durées

1 Entoure la durée équivalente.

	Réponse A	Réponse B	Réponse C
1,5 h	1 h 50 min	90 min	150 min
$\frac{3}{4}$ h	3,4 h	75 min	45 min
5 demi-heures	2,5 h	5,2 h	10 h
2,3 h	2 h 30 min	2 h 18 min	230 min
4,2 h	4 h 12 min	420 min	4 h 20 min

2 Lors d'un voyage de 14 h, Hamid souhaite partager son temps en quatre périodes de même durée pour différentes activités.
Quelle est la durée d'une période en heures et minutes ?

....

....

....

....

....

....

3 En t'aidant des divisions suivantes, complète les égalités.

1 5 6 5	6 0
3 6 5	2 6
5	

4 2 8 1	6 0
8 1	7 1
2 1	

1 0 0 0 0	6 0
4 0 0	1 6 6
4 0 0	
4 0	

3 1 2 7	6 0
1 2 7	5 2
7	

1 6 6	2 4
2 2	6

a. 1 565 s = ... min .... s

b. 3 127 min = ... h .... min

c. 4 281 s = ... min .... s

= .... h .... min .... s

d. 10 000 min = ... h .... min

= .... j .... h .... min

4 Après avoir effectué des calculs, complète.

a. 100 h = ... j .... h

b. 412 h = ... j .... h

c. 700 min = ... h .... min

d. 1 338 min = ... h .... min

e. 875 s = ... min .... s

f. 3 000 s = ... min .... s

g. 13 000 s = ... min .... s

= .... h .... min .... s

5 Lors d'une course de relais, quatre athlètes réalisent les temps suivants : 28 min 54 s, 29 min 12 s, 27 min 58 s et 28 min 1 s.
Exprime en heures, minutes et secondes la durée totale de leur course.

....

....

....

....

6 **Calculs de durée**

Un train part de Paris Gare de Lyon à 14 h 37 et arrive à la gare d'Aix TGV à 18 h 38. Quel est le temps de trajet ?

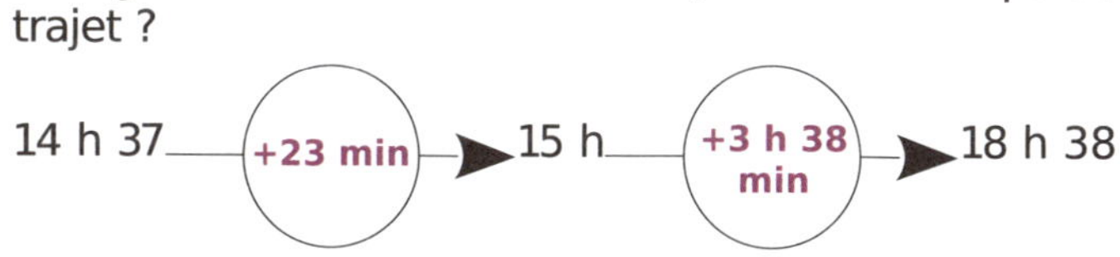

Ainsi, la durée du trajet est :
23 min + 3 h 38 min = 3 h 61 min
= 3 h 60 min + 1 min
= 4 h 1 min

En suivant la même méthode, calcule la durée (inférieure à 12 h) entre les deux horloges :

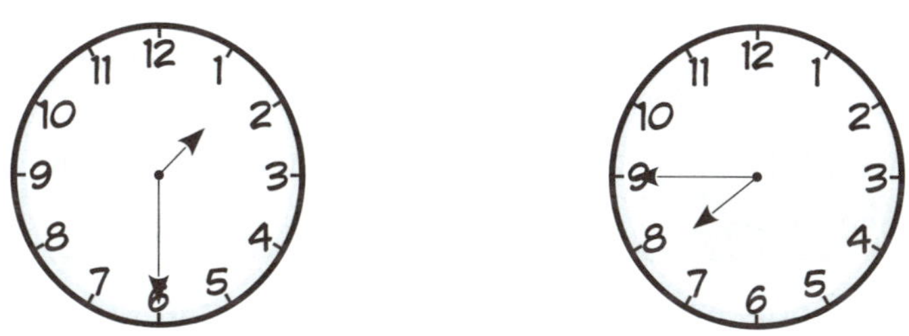

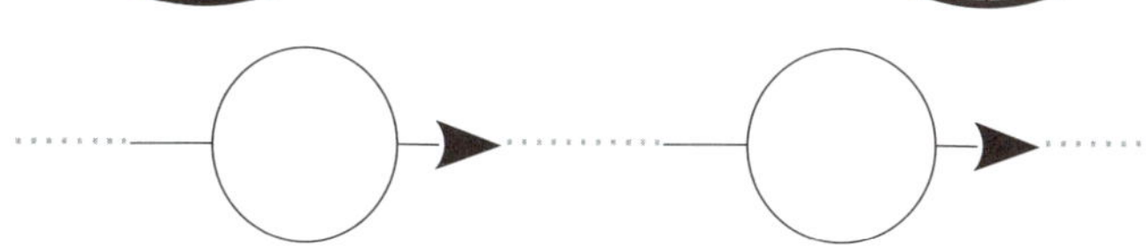

....

....

Vitesse

1 On considère un piéton, un cycliste et un automobiliste qui se déplacent à vitesse constante.

	Piéton	Cycliste	Automobiliste
Vitesse	6 km/h	20 km/h	90 km/h

a. Indique le nombre de kilomètres parcourus par chacun d'eux en 3 heures.

•

•

•

b. Indique le temps dont chacun a besoin pour parcourir 30 km.

•

•

•

2 Un bus roule à 90 km/h pendant 40 minutes, puis à 110 km/h pendant 15 minutes.
Quelle distance totale ce bus a-t-il parcourue ?

3 La vitesse du son est d'environ 340 m/s.

a. Complète le tableau donnant la distance parcourue par le son en fonction de la durée.

Durée	2 s	10 s	25 s	1 min
Distance				

b. Déduis-en la vitesse du son en km/min puis en km/h.

4 Un train parcourt 27 km en 18 min. Sa vitesse est constante.

a. Quelle distance parcourt-il en une minute ?

b. Quelle distance parcourt-il en une heure ?

c. Quelle est sa vitesse moyenne en km/h ?

5 Une tortue parcourt 40 m en 10 min.

a. Quelle est sa vitesse moyenne en m/min ?

b. Quelle distance parcourt-elle en 48 minutes ?

6 Le graphique ci-dessous illustre le parcours d'un cycliste lors d'une course.

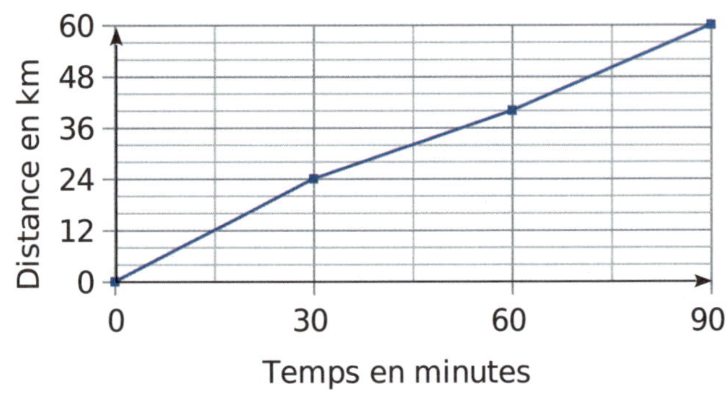

a. Quelle distance a-t-il parcourue les 30 premières minutes ?
Quelle était alors sa vitesse moyenne en km/h ?

b. Même question pour les 30 minutes suivantes.

c. Même question pour les 30 dernières minutes.

Série 6 Aires

1 Colorie la case correspondant le mieux à l'aire de chaque type de surface.

Un timbre	2 m²	2 cm²	2 mm²
Un village	150 m²	20 km²	0,05 km²
Un stade de foot	50 m²	5 000 m²	500 m²
Une page de livre	30 mm²	3 m²	300 cm²
Un confetti	4 mm²	0,4 m²	0,04 m²

2 Pour chaque surface ci-dessous, indique dans quelle unité il vaut mieux exprimer son aire.

Un jardin	
Une pièce d'1 centime	
Un autocollant	
Un pays	
Une forêt	

3 Complète ce tableau que tu pourras utiliser pour répondre aux exercices suivants.

	hm²		m²	dm²		mm²
	ha					

4 Complète.

a. 1 m² = ... dm²

b. 1 m² = ... cm²

c. 1 m² = ... mm²

d. 1 m² = ... dam²

e. 1 m² = ... hm²

f. 1 m² = ... km²

g. 1 m² = ... a

5 Complète ce tableau.

En cm²	En mm²
5	
42	
4,352	
45,3	
78,657	

× ....

6 Complète ce tableau.

En cm²	En m²
800	
54	
45,52	
86,892	
0,3	

÷ ....

7 Complète.

a. 5 m² = ... cm²

b. 78,2 cm² = ... mm²

c. 14 cm² = ... dm²

d. 8,3 dm² = ... m²

e. 5,72 hm² = ... km²

f. 12,35 km² = ... m²

8 Complète.

a. 7 ha = ... m²

b. 12 800 m² = ... ha

c. 5,3 a = ... m²

d. 145 m² = ... a

e. 7 ha 3 a = ... m²

f. 3 km² = ... ha

9 Voici l'aire des quatre champs de M. Paul.

Champ de	Maïs	Blé	Orge	Avoine
Aire	2,35 hm²	549 dam²	9 800 m²	0,0135 km²

a. Classe les champs de M. Paul dans l'ordre croissant de leur aire.

....

....

b. Indique l'aire de la surface qu'il manque à M. Paul pour atteindre les 14 hectares.

....

....

....

Volumes

1 Effectue les conversions suivantes.

a. 1 dm³ = ... mm³

b. 1 dam³ = ... km³

c. 200 mm³ = ... cm³

d. 1 542 km³ = ... dam³

e. 35,635 cm³ = ... mm³

f. 534 273 m³ = ... km³

2 Complète avec la bonne unité.

a. 1 000 000 cm³ = 0,000 001 ....

b. 6 521 mm³ = 0,000 006 521 ....

c. 12 dam³ = 12 000 000 ....

d. 0,004 67 hm³ = 4 670 ....

3 Choisis une unité de sorte que le nombre s'écrive avec le moins de zéros possible.

a. 23 000 cm³ = ...

b. 0,000 07 m³ = ...

c. 199 700 000 dam³ = ...

d. 0,060 8 dam³ = ...

4 Complète.

a. 1 dm³ = ... L

b. 1 m³ = ... L

c. 1 hL = ... cm³

d. 131,2 L = ... m³

e. 35,635 cm³ = ... dL

f. 7 302 L = 0,007 302 ....

g. 10 000 000 mm³ = 100 ....

5 Calcule le volume d'un pavé droit dont la hauteur est de 9 cm, la largeur mesure la moitié de la hauteur et la longueur est le triple de la hauteur.

....

....

6 La fiche technique d'un congélateur donne les dimensions intérieures suivantes : (L × P × H) en cm : 44 × 42 × 47.
Détermine la capacité de ce congélateur, en litres.

....

....

7 Relie chaque volume ou capacité à l'objet qui lui correspond.

Volume ou capacité			Objet
16 L	•	•	Maison
1 hm³	•	•	Cartable
10 mm³	•	•	Baignoire
600 m³	•	•	Mer Méditerranée
3 700 000 km³	•	•	Bille
5 cm³	•	•	*Empire State Building* (grand immeuble américain)
200 L	•	•	Grain de riz

8 Une boîte a la forme d'un pavé droit de dimensions 12 cm, 8 cm et 5 cm.

a. Calcule le nombre de cubes de côté 1 cm que l'on peut ranger dans cette boîte.

....

b. Détermine le nombre de cubes de côté 1 mm que l'on peut ranger dans cette boîte.

....

....

c. Exprime son volume en cm³, puis en mm³.

V = ... cm³ *V* = ... mm³

d. Déduis-en le nombre de millimètres cubes contenus dans un centimètre cube.

....

9 Un aquarium d'une capacité de 20 L a pour longueur 40 cm et pour largeur 20 cm.
Calcule sa hauteur en centimètres.

....

....

....

10 Un bac à fleurs est réalisé en bois à l'aide de planches de 12 mm d'épaisseur. La longueur du bac est de 110 cm, sa largeur de 65 cm et sa hauteur de 45 cm (ces dimensions sont mesurées à l'extérieur).
Combien de sacs de terre de 25 L faut-il acheter pour remplir le bac ?

....

....

....

Série 8 Problèmes

1 Relie chaque type d'opération proposée avec l'unité de son résultat (si possible), puis le type de grandeur dont il s'agit.

	Type d'opération proposée
1	... m + ... m
2	nombre × ... m
3	... h − ... m
4	... L − ... L
5	... cm + ... mm
6	... m × ... m
7	... g × ... g
8	... g + ... g
9	... m × ... m × ... m
10	... m^2 × ... m
11	... m^2 + ... m^2
12	... m^3 − ... m^3
13	... m + ... m^2
14	... m : ... cm
15	... m^2 : ... m
16	... m × ... cm
17	... cm^2 : ... cm^2
18	... hm − ... m^3
19	... km : ... h
20	... L : ... s
21	... € : ... kg
22	... g : ... m^2
23	... g : ... €/kg
24	... m^3 × ... €/m^3

Unité du résultat
L
m
Ce type de calcul n'a pas de sens
m^2
g
m^3
km
Nombre sans unité
€
g/m^2
m/min
€/kg
km/h
h
L/s
Ce calcul a un sens, mais ne peut être effectué qu'après conversion.

Type de grandeur
Longueur
Surface
Volume
Masse
Nombre
Prix
Vitesse
Débit
Temps
Prix au kilogramme
Grammage
Densité

2 Quelle unité choisis-tu pour mesurer :

a. l'épaisseur d'un dictionnaire ? ....

b. la vitesse d'une voiture ? ....

c. la longueur d'un stade ? ....

d. le prix d'un magazine ? ....

e. la quantité d'eau d'une bouteille ? ....

f. le poids d'un éléphant ? ....

3 Une salle de restaurant est un rectangle de 10 m par 6 m.

a. Quelle est son aire ?

....

b. La salle dispose de 25 places assises. De combien de m^2 dispose chaque client ?

....

....

Problèmes

4 Un aquarium contient 18 000 L d'eau, le prix de l'eau étant de 1,50 €/m³.
Combien coûte la quantité d'eau contenue dans cet aquarium?

....

....

....

5 660 km séparent Paris de Marseille. Sur une carte, on mesure la distance entre ces deux villes : 12 cm.
Combien de fois la carte réduit-elle la distance réelle ?

....

....

6 Un parquet flottant est composé de lattes rectangulaires de 1,40 m par 25 cm.

a. Quelle est l'aire d'une latte ?

....

b. Si la pièce à recouvrir est un rectangle de 70 m², combien de lattes seront nécessaires ?

....

....

....

7 Je fais un pas et je parcours alors 80 cm.
Si j'en fais 30, quelle est la distance parcourue en mètres ?

....

....

....

8 Un bassin de 10 000 L est rempli d'eau. Deux mois plus tard, du fait de l'évaporation, il ne reste, à l'intérieur, plus que 370 L d'eau.
Quel volume d'eau s'est évaporé ?

....

....

9 Clémentine a payé 14,40 € pour 3 kg de pommes.
Quel est le prix au kg ?

....

....

....

10 Pour réaliser la housse d'un coussin, on découpe dans un tissu un carré de 45 cm de côté en prévoyant 25 mm de plus tout autour pour les ourlets.
Quelle est la longueur du côté du carré à découper (ourlets compris) ?

....

....

....

11 **Vitesses comparées**

a. Un ferry navigue pendant 4 h et parcourt 50 km. Quelle est sa vitesse (nombre de km parcourus en 1 h) ?

....

....

b. Un escargot parcourt 20 m en 4 min. Quelle est sa vitesse ?

....

....

c. Compare les deux vitesses obtenues.

....

....

12 Un menuisier dispose de planches de 3 m de long. Il souhaite découper des morceaux de 40 cm de long pour fabriquer des cadres.
Combien de morceaux peut-il obtenir dans une planche ?

....

....

....

13 Une piscine a une surface de 50 m². On souhaite obtenir une hauteur d'eau de 1,70 m.
Quel volume d'eau contiendra alors la piscine ?

....

....

....

14 Des fraises sont affichées au prix de 14,40 € le kg.
Prune en achète 700 g. Combien va-t-elle payer ?

....

....

....

Calculer un périmètre

M2

Calculs sur une figure

1 Les deux triangles quelconques ci-dessous sont tracés à main levée.
Calcule leur périmètre.

a.

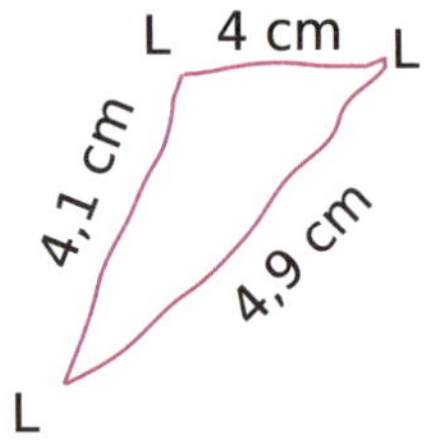

b.

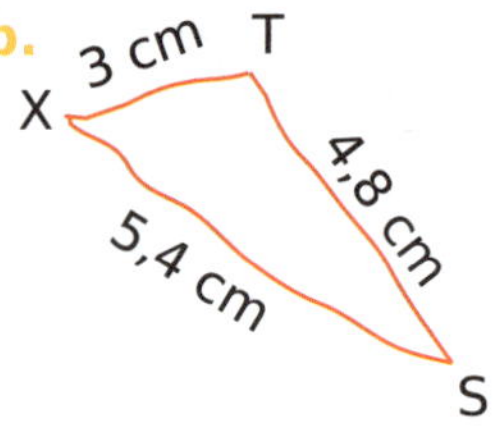

a. ……………………………………………………………

……………………………………………………………

……………………………………………………………

b. ……………………………………………………………

……………………………………………………………

……………………………………………………………

2 Le quadrilatère quelconque ci-dessous est tracé à main levée.
Calcule son périmètre.

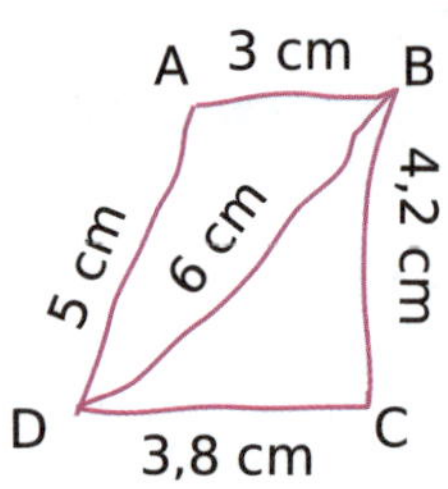

……………………………………………………………

……………………………………………………………

……………………………………………………………

3 Détermine la longueur du segment [AC] sachant que le périmètre du triangle ABC est de 17 cm.

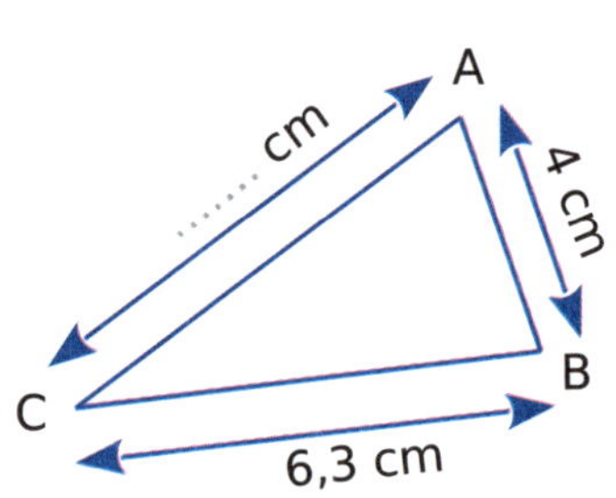

……………………………………………………………

……………………………………………………………

……………………………………………………………

……………………………………………………………

4 Avec un codage

Donne la nature de chaque quadrilatère en justifiant, puis calcule son périmètre.

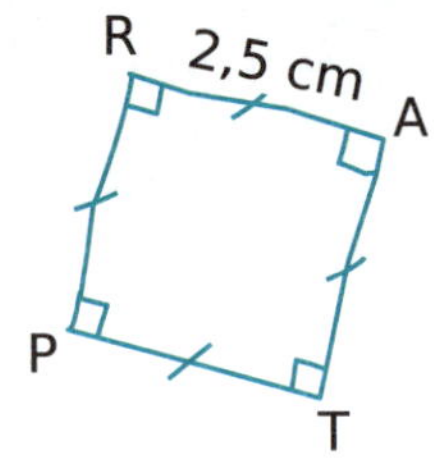

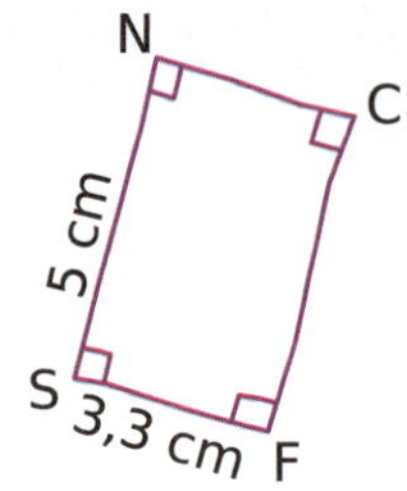

RATP : ……………………………………………………………

……………………………………………………………

……………………………………………………………

SNCF : ……………………………………………………………

……………………………………………………………

……………………………………………………………

……………………………………………………………

5 Avec un codage (bis)

Donne la nature du quadrilatère en justifiant, puis calcule son périmètre.

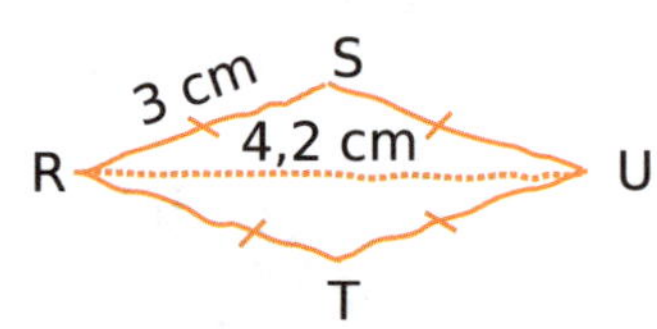

……………………………………………………………

……………………………………………………………

……………………………………………………………

……………………………………………………………

6 Avec des disques

Calcule le périmètre (donne à chaque fois la valeur exacte, puis une valeur approchée au dixième près) :

a. d'un disque de rayon 4 cm.

……………………………………………………………

……………………………………………………………

……………………………………………………………

b. d'un disque de diamètre 12 cm.

……………………………………………………………

……………………………………………………………

……………………………………………………………

Calculs sur une figure

7 Calcule le périmètre de chaque figure.
(Attention, les figures ne sont pas construites en vraie grandeur.)

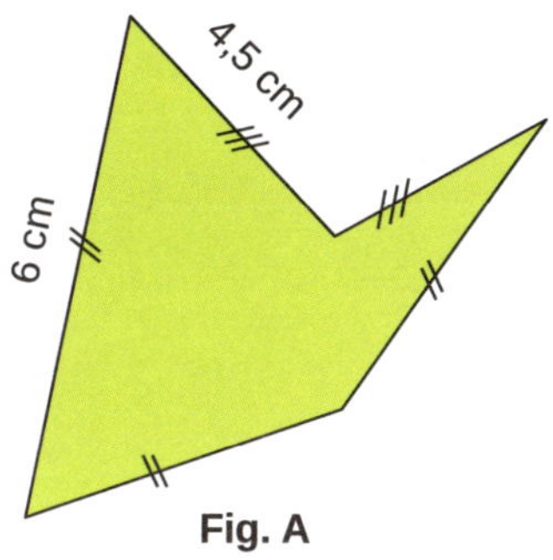

Fig. A

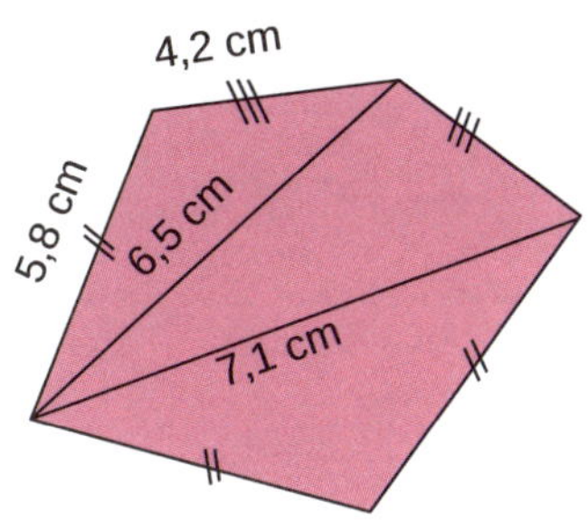

Fig. B

Fig. A :

Fig. B :

8 Avec des disques (bis)

a. Reproduis ces figures en vraie grandeur.

Fig. 1

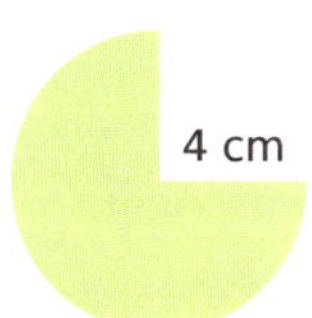

Fig. 2

3,2 cm

Fig. 3

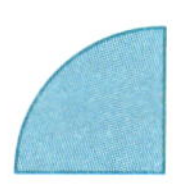

1,9 cm

Fig. 1 :

Fig. 2 :

Fig. 3 :

b. Calcule leurs périmètres.

Fig. 1 :

Fig. 2 :

Fig. 3 :

Série 2 Coder et calculer

1 Dans chaque cas, trace une figure à main levée, code-la, puis calcule son périmètre.

a. Un triangle GTU, isocèle en G, tel que GU = 30 mm et TU = 4 cm.

....

....

....

....

....

b. Un triangle équilatéral RTF de côté 40 mm.

....

....

....

2 Dans chaque cas, trace une figure à main levée, code-la, puis calcule la longueur d'un côté.

a. Un triangle ERF, équilatéral, de périmètre 12 cm.

....

....

....

b. Un carré KGJF, de périmètre 12 cm.

....

....

....

3 Un rectangle a pour périmètre 12 cm et pour largeur 2 cm.

a. Trace une figure à main levée, codée.

b. Que vaut la moitié du périmètre ?

....

c. En déduire la longueur du rectangle.

....

....

....

4 Soit un carré de côté *c* et de périmètre *P*.
Complète le tableau.

c	4 cm		2,4 m	
P		36 mm		15 cm

5 Soit un rectangle de largeur *l*, de longueur *L*, de périmètre *P*.
Complète le tableau.

l	4 cm	4 mm	3 m	
L	5 cm	36 mm		20 cm
P			16 m	1 m

1 Une entreprise doit clôturer l'ensemble de la propriété ci-dessous. Détermine, à l'aide de ta règle graduée, une valeur approchée du périmètre de la figure, en centimètres. Puis utilise l'échelle pour calculer la longueur réelle de la clôture.

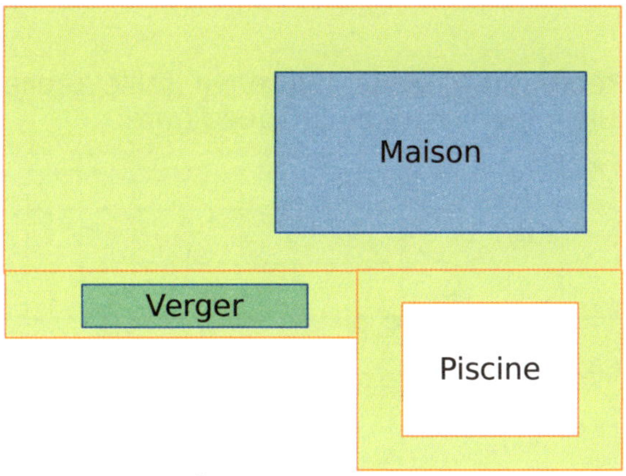

Échelle : 1 cm représente 1 m.

2 Voici quatre figures.

Fig. 1

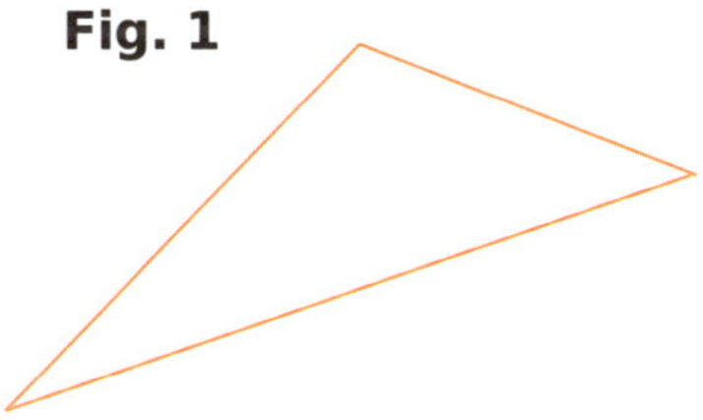

Fig. 4

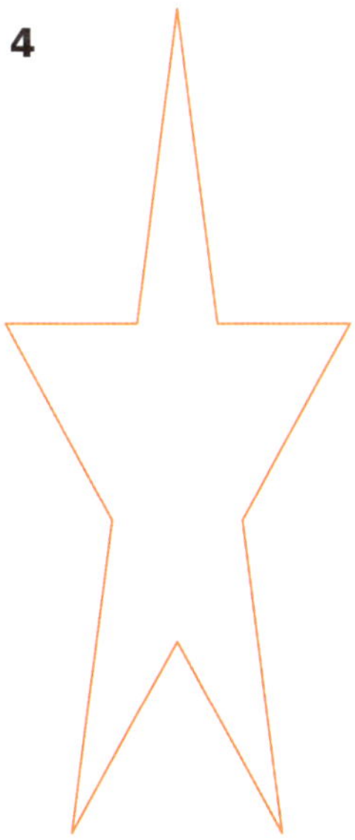

Fig. 2

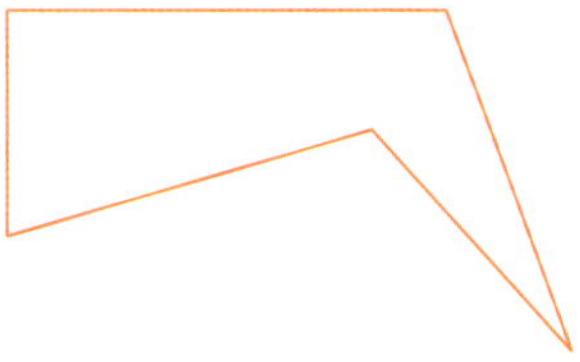

Fig. 3

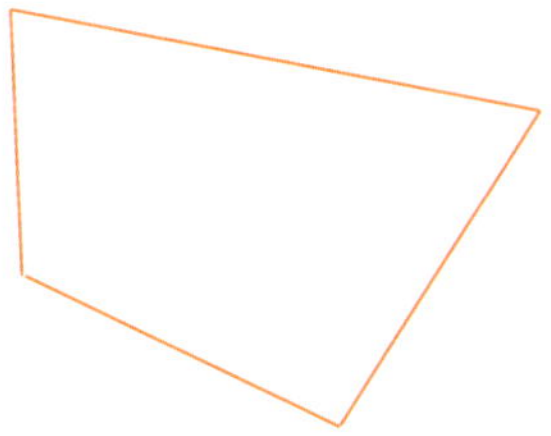

a. Détermine, à l'aide de ta règle graduée, une valeur approchée du périmètre de chaque figure.

Fig. 1 :

Fig. 2 :

Fig. 3 :

Fig. 4 :

b. En utilisant le compas, compare le périmètre des figures **1**, **2** et **3** (en reportant les longueurs de leurs côtés sur les demi-droites ci-dessous).

Série 4 Périmètre et unité

1 Complète le tableau.

			m			

2 Complète.

a. 1 km = ... m

b. 1 cm = ... mm

c. 1 m = ... cm

d. 1 dam = ... m

3 Complète.

a. 3 km = ... m

b. 5 mm = ... m

c. 2 cm = ... m

d. 3 m = ... km

e. 7 m = ... cm

f. 5 cm = ... dm

4 Complète.

a. 3,25 km = ... m

b. .... cm = 56,1 m

c. 2,8 mm = ... m

d. 0,035 km = ... cm

e. 4,7 m = ... cm

f. .... cm = 47 km

5 Je suis un rectangle ABCD.
[AB] mesure 36 mm et [BC] mesure 4 cm.

a. Fais un dessin à main levée.

b. Quel est mon périmètre ?

....

....

6 Je suis un triangle ABC isocèle en A.
[AB] mesure 4,3 cm et [BC] mesure 0,02 m.

a. Fais un dessin à main levée.

b. Combien mesure mon périmètre ?

....

....

....

7 Reproduis chaque figure en taille réelle, puis calcule le périmètre de chaque figure.

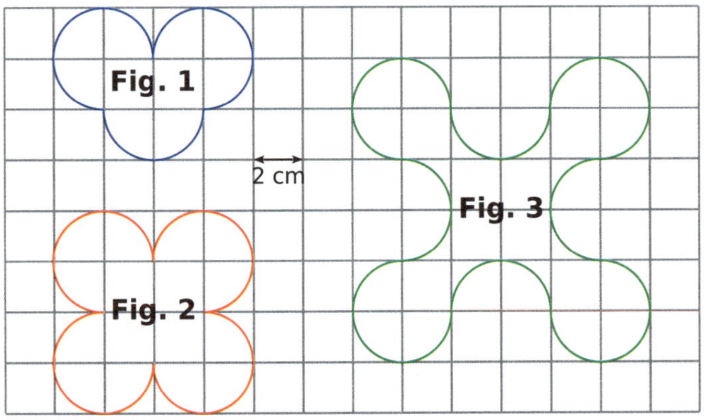

Fig. 1 : ....

....

Fig. 2 : ....

....

Fig. 3 : ....

....

Problèmes

1 Sachant que AB = 9 cm ; BC = 21 cm ; CD = 11 cm ; DE = 9 cm ; EF = 11 cm ; GH = 7 cm ; calcule le périmètre du rectangle ACEG.

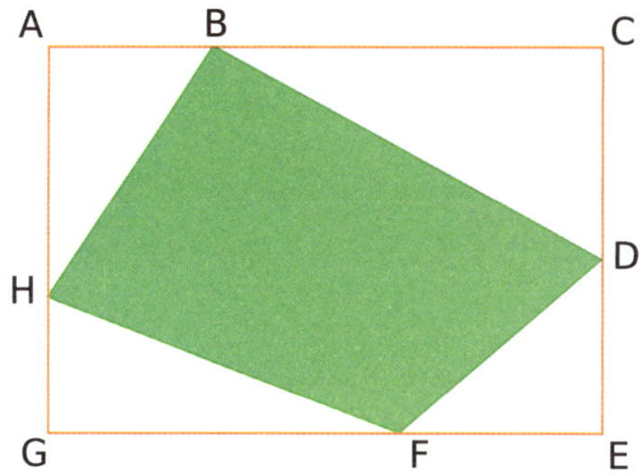

....

....

....

2 Parcours de santé

a. Sur le parcours de santé ci-dessous, repasse en vert les petits arcs de cercle de même rayon, et repasse en rouge les grands arcs de cercle de même rayon.

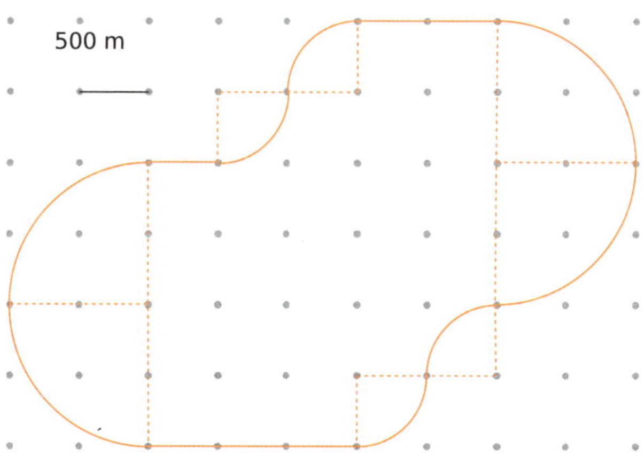

b. Calcule la longueur réelle du parcours de santé, au mètre près.

....

....

....

....

....

....

....

....

....

3 On considère un rectangle de largeur *l* et de longueur *L*. On triple sa longueur et on triple sa largeur. Par combien est multiplié le périmètre de ce rectangle ?

....

....

....

....

4 Sur la figure ci-dessous, le point X se déplace librement sur [DC].

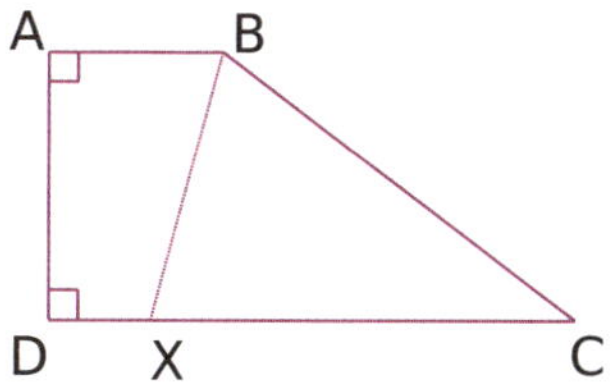

On donne les mesures : AD = 3 cm ; AB = 2 cm ; DC = 6 cm et BC = 5 cm.

Détermine la longueur DX pour que le périmètre du quadrilatère ABXD soit égal au périmètre du triangle BCX.

....

....

....

....

....

....

....

....

....

....

....

....

....

....

....

....

....

....

....

....

Série 5 Problèmes

5 Quelles figures ont le même périmètre ?

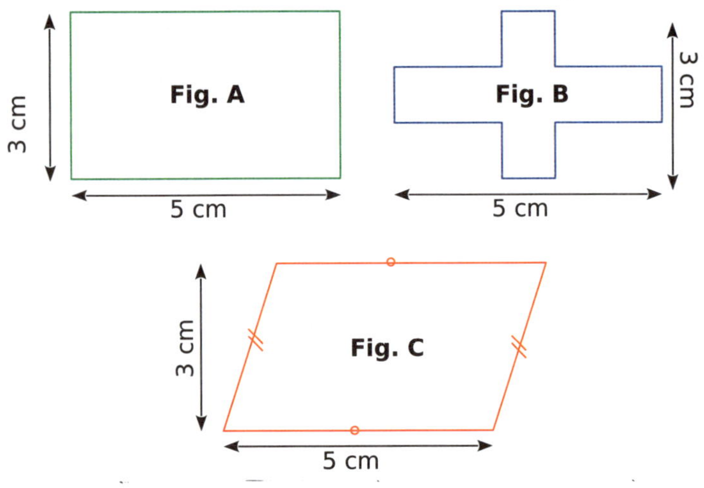

6 Calcule le périmètre de chaque figure. Donne la valeur exacte et une valeur approchée au dixième près.

a.

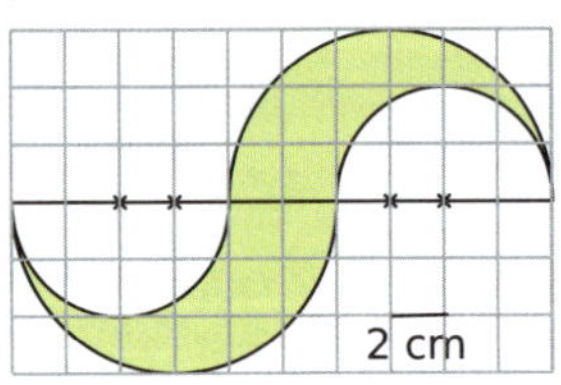

b.

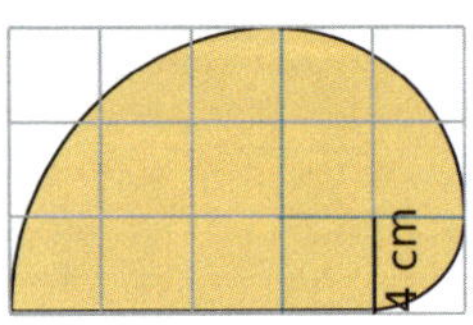

a.

b.

7 Dans un jardin, on dessine un parterre circulaire de diamètre 10 m.
On souhaite planter, à l'intérieur de ce parterre circulaire, des tulipes à 30 cm du bord, espacées entre elles de 30 cm ou plus. Combien peut-on en planter, au maximum ?

8 On souhaite entourer, avec du grillage, un jardin carré de 24 m de côté, en laissant une ouverture de 4 m de large. Le grillage choisi coûte 15 € le mètre. Quel sera le prix à payer ?

Calculer une aire

M3

Par comptage

1 Carrés, demi-carrés et quart de carrés…

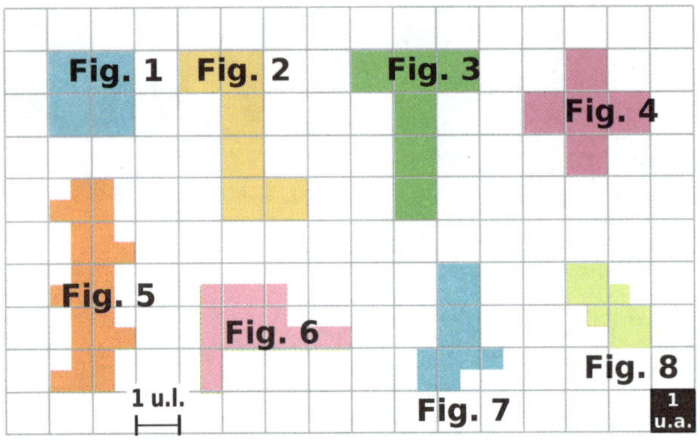

Complète le tableau suivant après avoir observé attentivement l'unité de longueur (« 1 u.l. ») et l'unité d'aire (« 1 u.a. »).

Figure	1	2	3	4
Périmètre exprimé en u.l.				
Aire exprimée en u.a.				

Figure	5	6	7	8
Périmètre exprimé en u.l.				
Aire exprimée en u.a.				

2 Détermine les aires des figures ci-dessous.

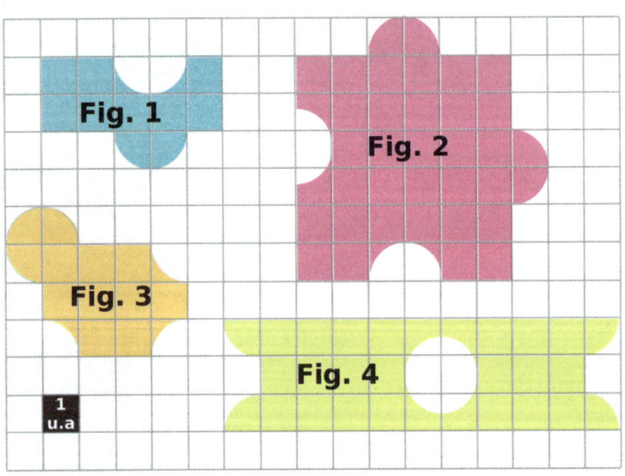

Figure	1	2	3	4
Aire exprimée en u.a.				

3 Triangles équilatéraux

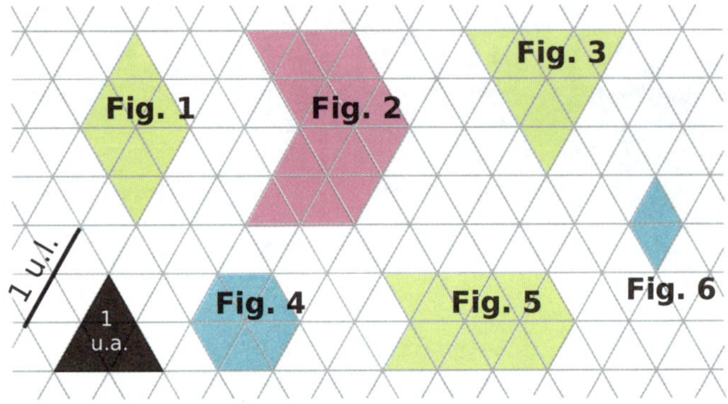

Observe attentivement l'unité de longueur (« 1 u.l. ») et l'unité d'aire (« 1 u.a. ») , puis complète le tableau suivant.

Figure	1	2	3
Périmètre exprimé en u.l.			
Aire exprimée en u.a.			

Figure	4	5	6
Périmètre exprimé en u.l.			
Aire exprimée en u.a.			

4 Détermine un encadrement de l'aire de chaque figure exprimée en unités d'aire.

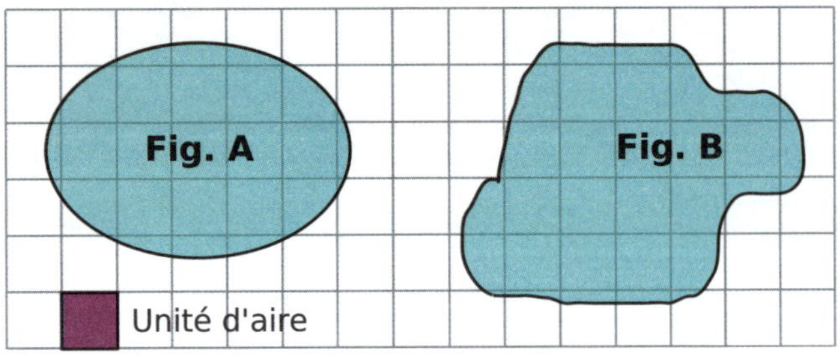

Série 2 Aire et unité

1 Attention aux unités !

Sur la figure ci-dessous, agrandie, MACZ est un rectangle.

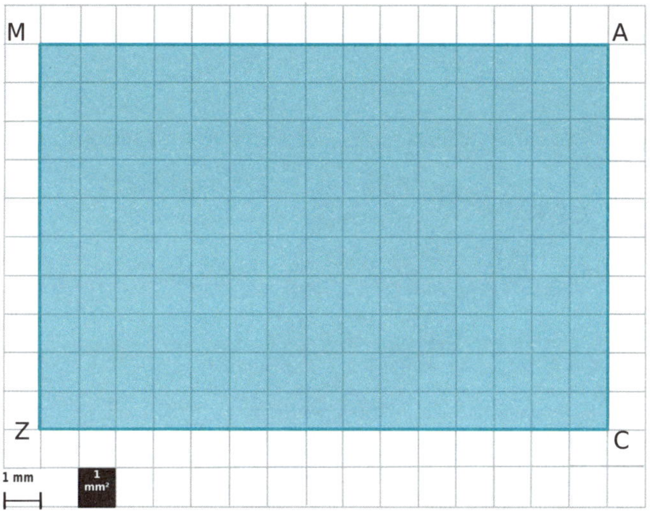

a. Détermine l'aire de MACZ, en mm².

....

....

b. Détermine l'aire de MACZ, en cm².

....

....

c. Complète : 1 cm² = ... mm²

2 Aide-toi du tableau suivant pour convertir dans l'unité demandée.

m²		dm²		cm²		mm²	
			3				
					5		
	2	1					

a. 3 dm² = ... mm²

b. 5 cm² = ... dm²

c. 2,1 m² = ... cm²

d. 32 cm² = ... m²

3 Aide-toi du tableau suivant pour convertir dans l'unité demandée.

m²		dm²		cm²		mm²	

a. 0,03 m² = ... cm²

b. 501 cm² = ... m²

c. 23,7 dm² = ... cm²

d. 0,4 cm² = ... m²

4 Complète.

a. 3 m² = ... cm²

b. 700 cm² = ... m²

c. 5 m² = ... dm²

d. 6 000 dm² = ... m²

e. 5 cm² = ... mm²

f. 400 mm² = ... cm²

g. 34 000 000 m² = ... ha (1 ha = 1 hm²)

5 Complète.

a. 181 m² = ... mm²

b. 7 cm² = ... dam²

c. 61 dm² = ... m²

d. 88 m² = ... cm²

e. 128 km² = ... ha (1 ha = 1 hm²)

6 Labyrinthe

Le but du jeu est de sortir de ce labyrinthe. On ne peut que se déplacer vers le haut ou vers le bas. Pour pouvoir monter, il faut que l'aire de la brique d'arrivée soit plus grande. Pour pouvoir descendre, il faut que ce soit que l'aire de la brique d'arrivée soit plus petite.

0,6 m²	54,1 dm²	14,5 m²	1,52 dm²
55,2 dm²	0,542 m²	0,544 m²	
5,42 dm²	0,541 dm²	542 mm²	2,54 cm²
0,55 dm²	**Départ : 54,2 cm²**	0,245 dm²	
42,5 dm²	45,2 cm²	25,4 cm²	35,3 dm²

7 On donne les superficies suivantes :

- Belle-Île-en-mer : 90 km²
- Île d'Yeu : 2 300 ha
- Île d'Oléron : 175 000 000 m²
- Île de Jersey : 1 160 000 dam²

Range ces îles dans l'ordre décroissant de leur superficie.

....

....

....

....

Problèmes

Dans cette série, toutes les figures sont en vraie grandeur.

1 Après avoir mesuré les dimensions utiles, calcule une valeur approchée de l'aire de la figure.

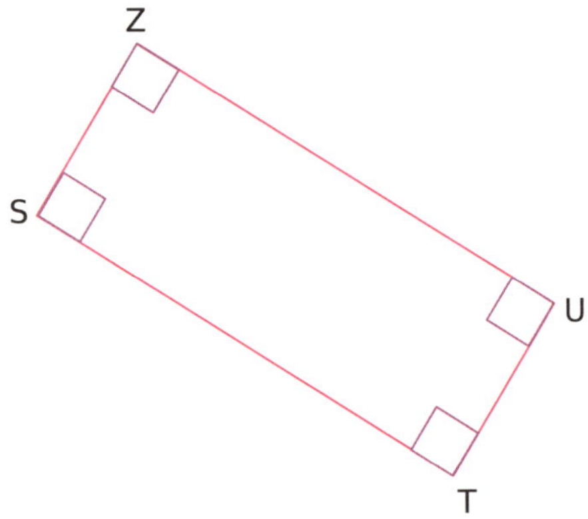

2 Après avoir mesuré les dimensions utiles, calcule une valeur approchée de l'aire de la figure.

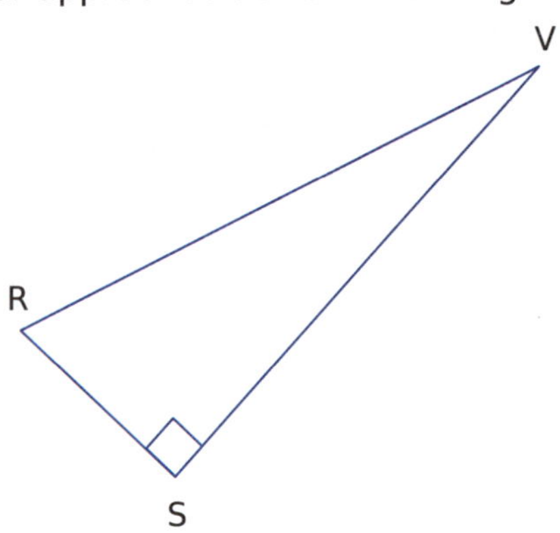

3 Après avoir mesuré les dimensions utiles, calcule une valeur approchée de l'aire de chaque figure.

a.

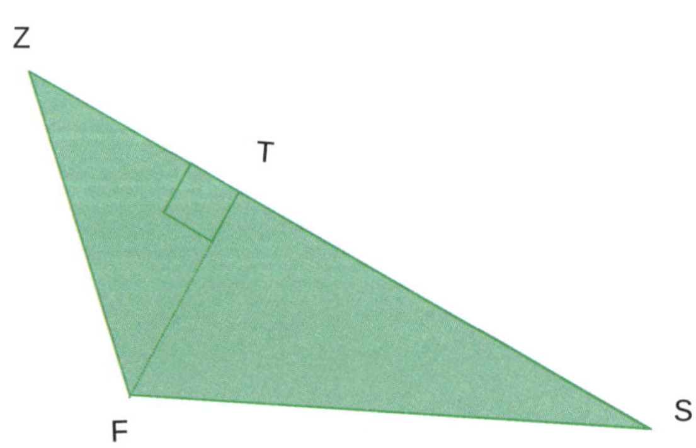

b.

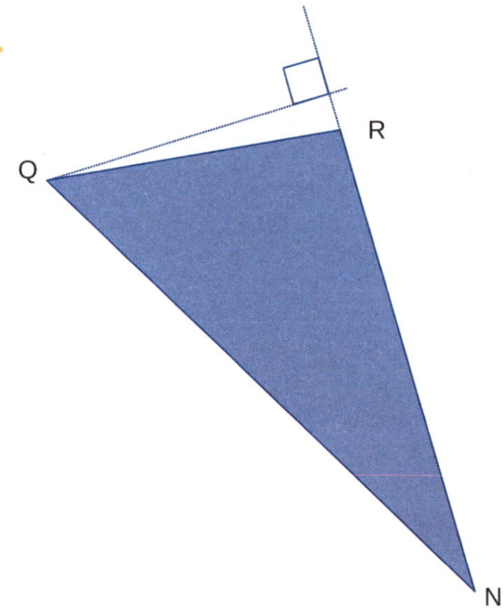

4 Après avoir mesuré les dimensions utiles, calcule une valeur approchée de l'aire de la figure colorée.

Série 4 Calculer une aire

1 Donne la nature de chaque quadrilatère en justifiant, puis calcule (sans calculatrice) son périmètre et son aire (pose si nécessaire les opérations).

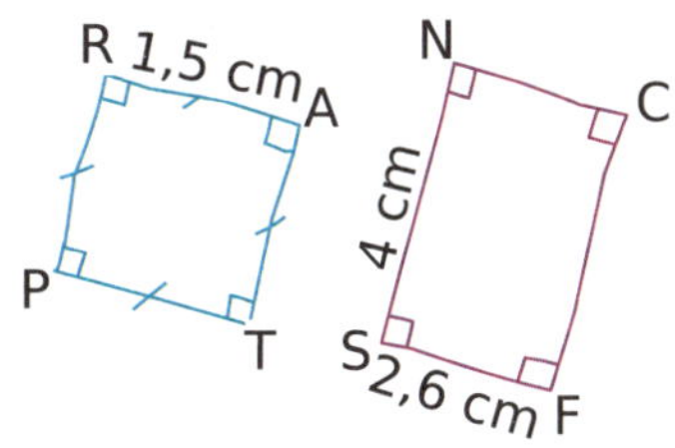

Périmètre de RATP :

Aire de RATP :

Périmètre de SNCF :

Aire de SNCF :

2 Calcule les aires de chacun des triangles rectangles suivants.

a.

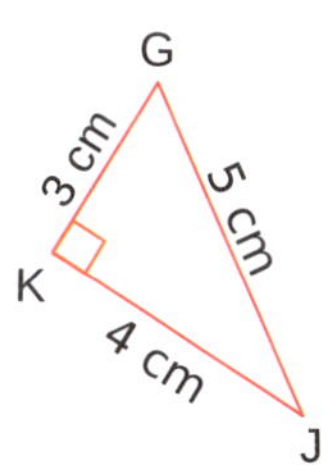

b.

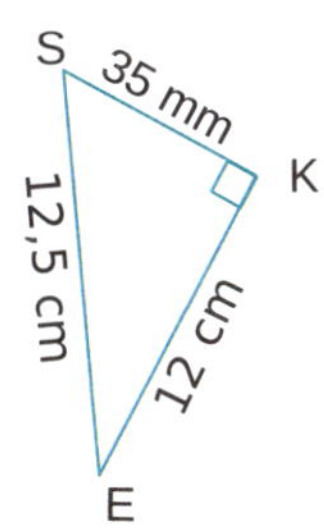

a.

b.

3 Les deux triangles quelconques ci-dessous sont tracés à main levée. Dans chaque cas, calcule leur aire et leur périmètre.

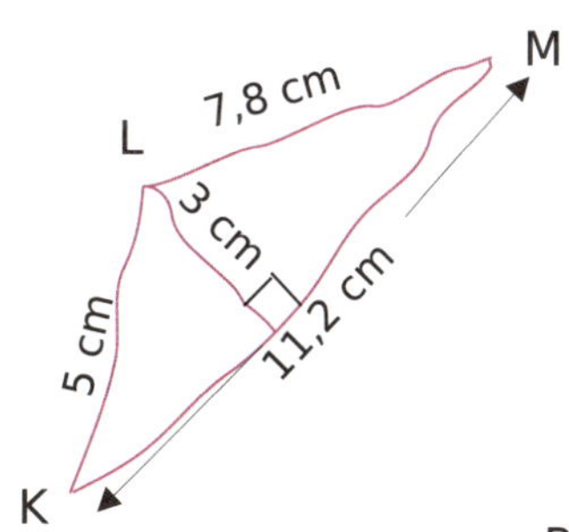

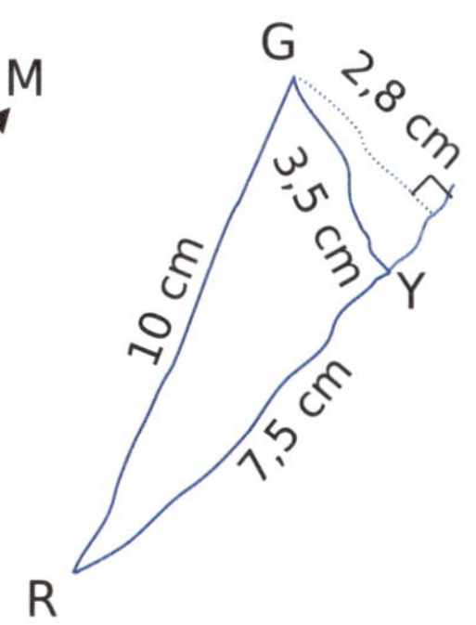

Périmètre de KLM :

Aire de KLM :

Périmètre de GYR :

Aire de GYR :

4 Calcule l'aire de chaque triangle. (Attention, les triangles ne sont pas dessinés en vraie grandeur.)

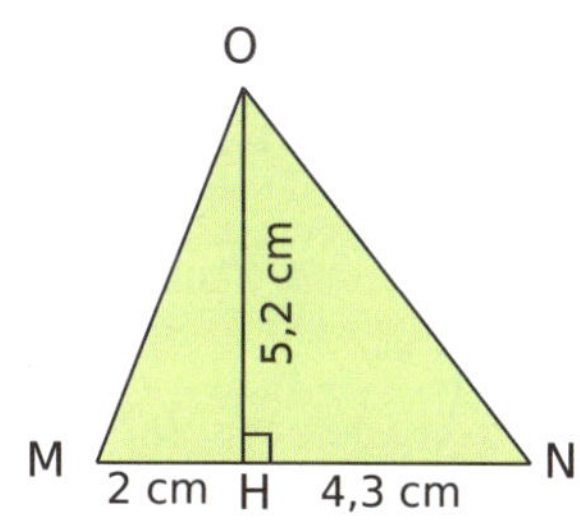

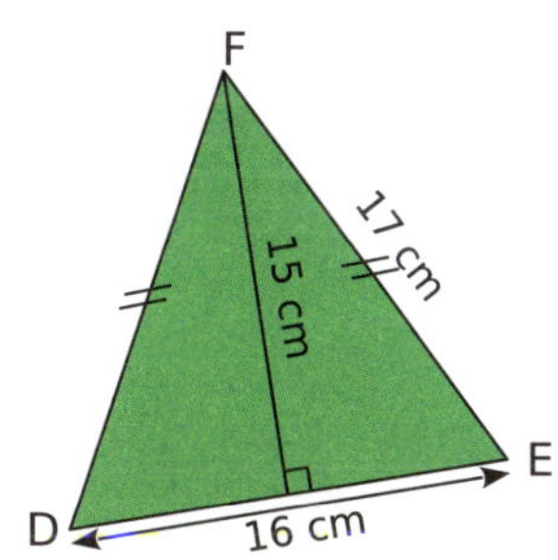

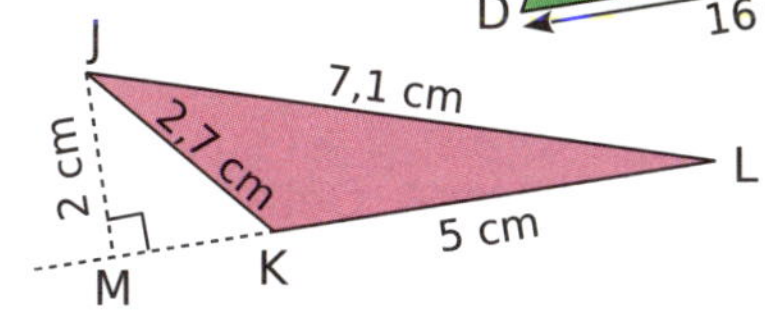

Des dimensions inconnues

1

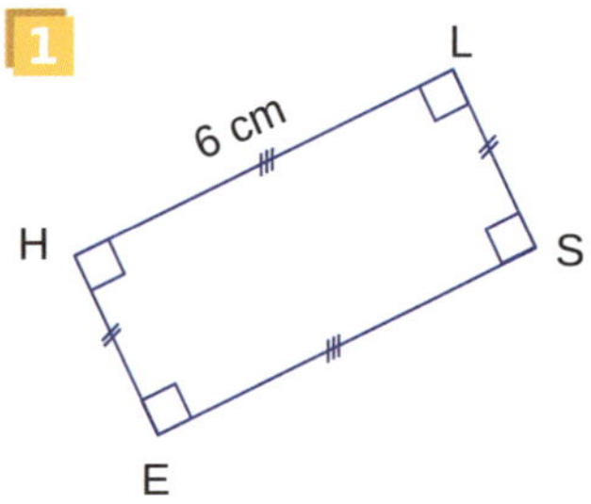

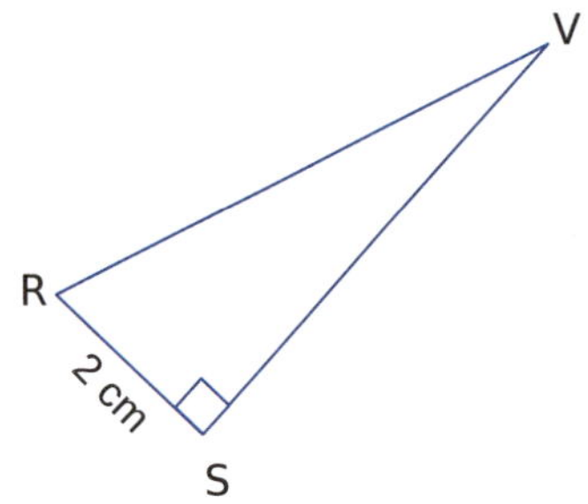

a. HLSE est un rectangle d'aire 18 cm². Détermine la longueur du segment [LS].

b. RSV est un triangle rectangle en S. Détermine la longueur du segment [VS] sachant que l'aire de RSV vaut 7 cm².

c. GKJ est un triangle rectangle en K. Détermine la longueur du segment [KJ] sachant que l'aire de GKJ vaut 12 cm².

2

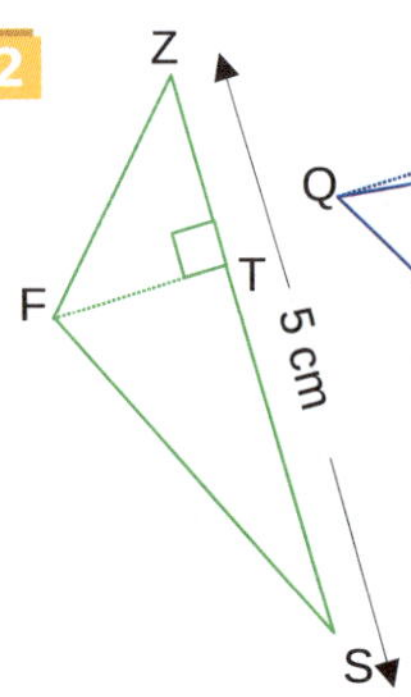

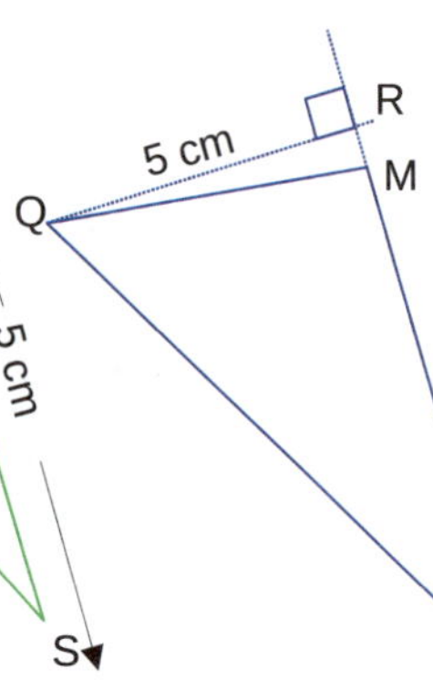

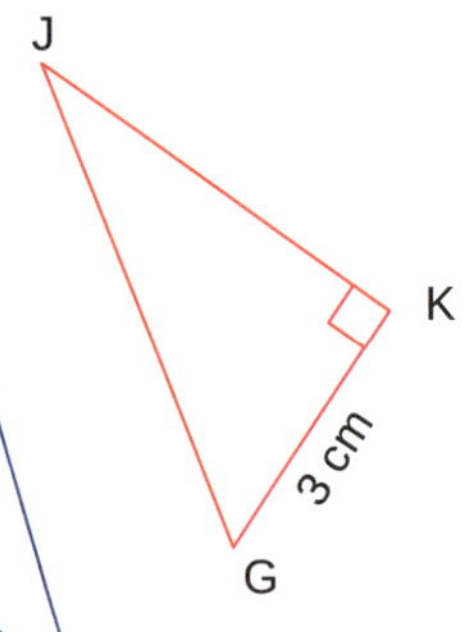

a. FZS a pour aire 20 cm². Détermine la longueur du segment [FT] sachant que [ZS] mesure 5 cm.

b. QMN est un triangle d'aire 10 cm². Détermine la longueur du segment [MN].

3 L'aire de cette figure vaut 40 cm².

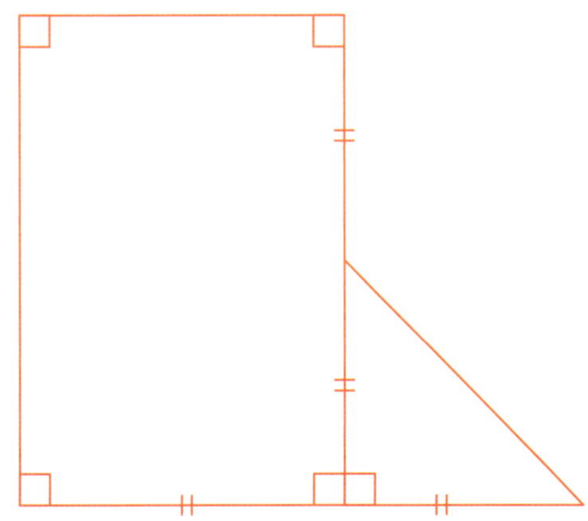

Calcule les dimensions du rectangle et celles du triangle.

Série 6 Coder et calculer

1 GTU est un triangle rectangle en U, tel que GU = 30 mm et TU = 4 cm. Trace ci-dessous une figure à main levée, codée, puis calcule son aire.

....

....

....

2 KPE est un triangle rectangle isocèle en K tel que KP = 45 mm. Trace ci-dessous une figure à main levée, codée, puis calcule son aire en cm².

....

....

....

3 GSLM est un carré. [GS] mesure 3 cm. GSB est un triangle rectangle en S, B étant à l'extérieur du carré. [BS] mesure 5 cm. Trace ci-dessous une figure à main levée, codée, puis calcule l'aire totale de la figure.

....

....

....

4 ANEF est un rectangle. [AN] mesure 4 cm et [AF] mesure 3 cm. On construit ensuite un triangle AFK isocèle en F, K appartenant à [EF), mais pas à [EF].

a. Trace ci-dessous une figure à main levée, codée.

b. Quelle est la nature de AFK ?

....

....

c. Calcule l'aire totale de la figure.

....

....

....

....

Série 7 Aires de triangles

1 Construis chaque triangle rectangle suivant, puis calcule son périmètre et son aire (aide : détermine d'abord quelle est l'hypoténuse de chaque triangle rectangle et quel est le sommet de l'angle droit).

a. MNP tel que MN = 3 cm, NP = 5 cm et PM = 4 cm.

b. EFG tel que EF = 4,5 cm, FG = 6 cm et EG = 7,5 cm.

2 Sur la figure suivante, ABC est un triangle. B, D et C sont alignés. Calcule le périmètre et l'aire du triangle ABC.

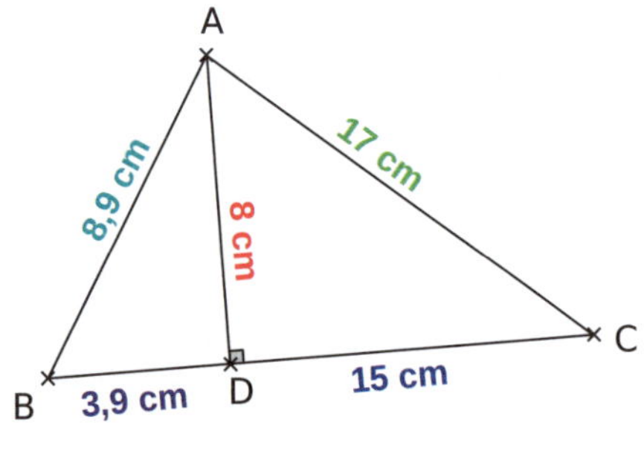

Aire de ABC :

Périmètre de ABC :

3 Calcule l'aire des triangles suivants. L'unité de longueur est le centimètre.

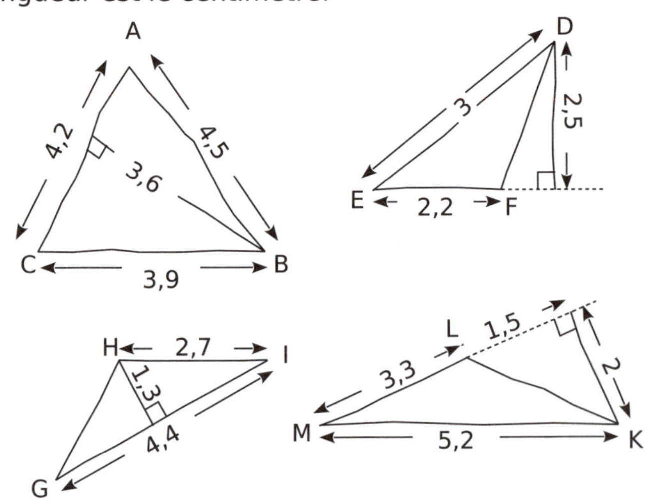

ABC :

EDF :

HIG :

MLK :

Aires de disques

1 Calcule le périmètre puis l'aire des figures décrites ci-dessous. Donne à chaque fois le calcul (avec le nombre π), puis une valeur arrondie au dixième près.

a. un disque de rayon 4 cm.

Périmètre :

Aire :

b. un disque de diamètre 12 cm.

Périmètre :

Aire :

2 Calcule le périmètre puis l'aire des figures décrites ci-dessous. Donne à chaque fois le calcul (avec le nombre π), puis une valeur arrondie au centième près.

a. un disque de rayon 4 m.

Périmètre :

Aire :

b. un disque de diamètre 4,3 hm.

Périmètre :

Aire :

3 Calcule l'aire des figures colorées suivantes. Donne le calcul (avec le nombre π), puis la valeur arrondie au centième.

a.

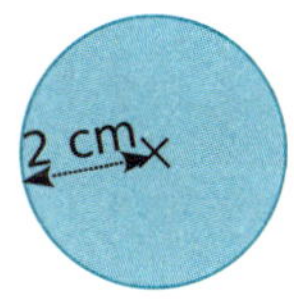

b.

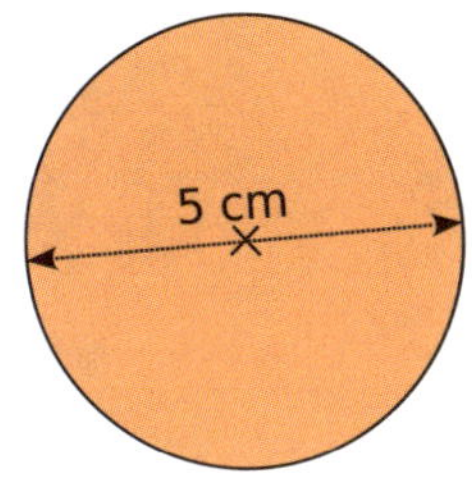

c.

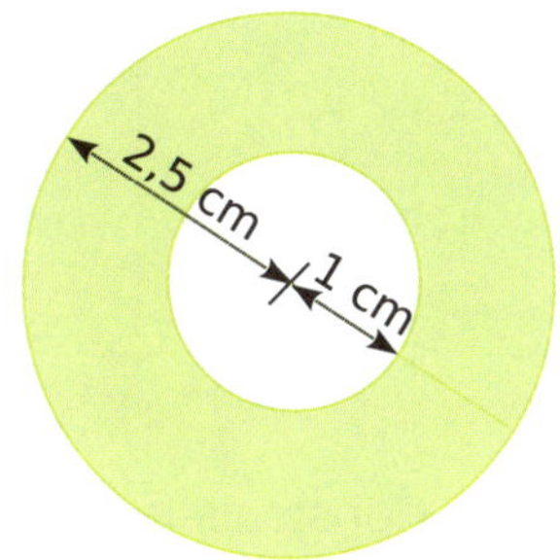

a.

b.

c.

4 Calcule l'aire et le périmètre de chaque portion de disque. (Donne une valeur arrondie au dixième près.)

a.

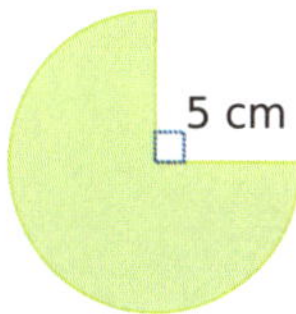

b.

a. Aire :

Périmètre :

b. Aire :

Périmètre :

Problèmes d'aires

1 Voici une figure.

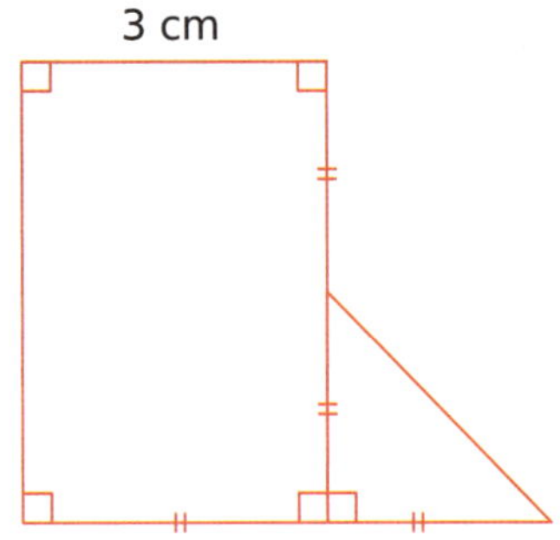

a. Construis-la ci-dessous en vraie grandeur.

b. Calcule l'aire de cette figure.

....

....

....

....

....

....

....

....

....

2 Comparer

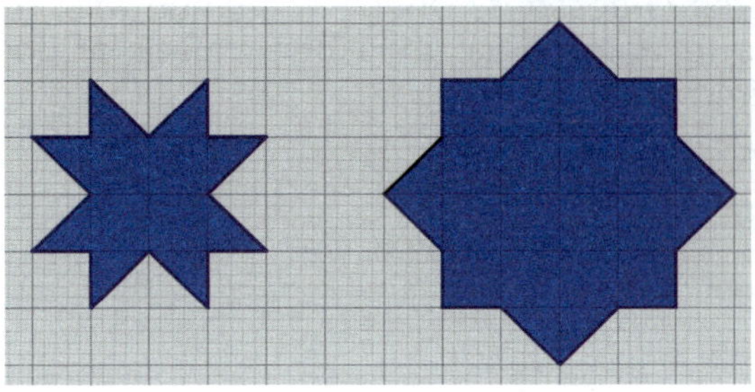

a. Compare les périmètres de ces deux figures.

....

....

....

....

....

....

....

....

....

....

....

....

b. Compare les aires de ces deux figures.

....

....

....

....

....

....

....

....

....

....

....

....

....

....

....

Calculer un volume

M4

Par comptage

1 Le bon décompte

Dénombre les unités de volume (u.v.) qui composent les solides suivants afin de déterminer leurs volumes.

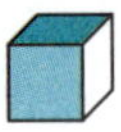

1 unité de volume

a.

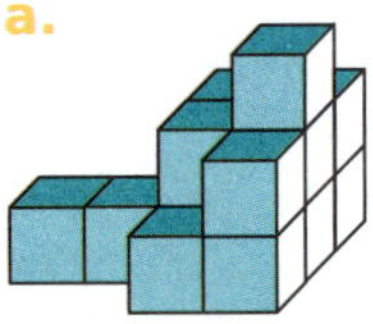

b.

c.

2 Autre vue

Détermine le volume de chaque solide en prenant pour unité le petit cube.

a.

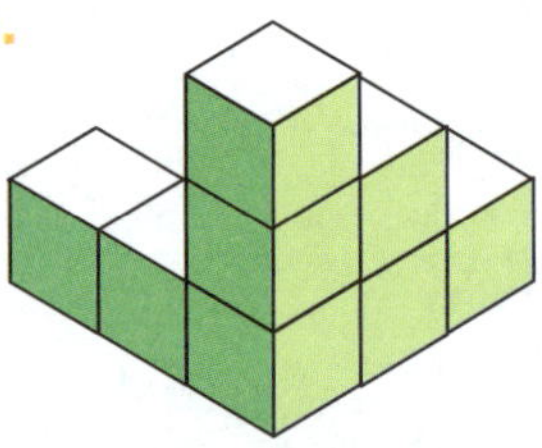

b.

c.

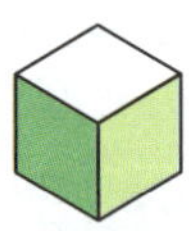

1 unité de volume (u.v.)

Solide	a.	b.	c.
Volume en u.v.			

3 De toutes les couleurs

a. Pour construire son cube avec des petits cubes, Sabrina a mis des rangées complètes de cubes bleus dont une extrémité est visible. Combien a-t-elle utilisé de cubes blancs ?

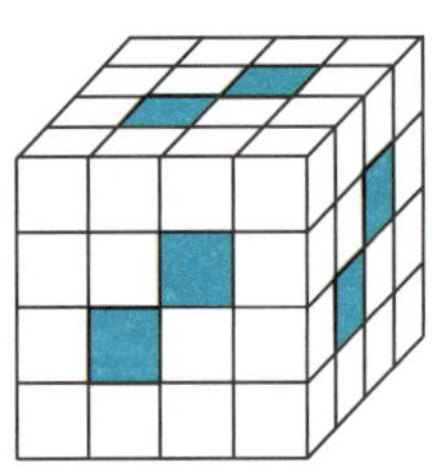

b. Manon a fabriqué son cube avec des petits cubes blancs, puis a peint des bandes qui font le tour complet du cube (comme ci-contre). Combien de cubes n'ont aucune face peinte ?

4 Pavés droits

a. Dénombre les unités de volume (petits cubes) qui composent les pavés droits, puis propose une méthode de calcul rapide permettant de trouver les réponses.

Pavé 1

Pavé 2

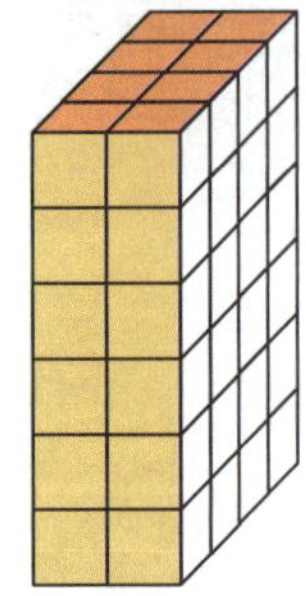

b. On a commencé la représentation d'un pavé droit dont le volume est de 40 petits cubes. Détermine la hauteur du pavé en petits cubes.

5 Cubes

a. Détermine le volume des cubes en centimètres cubes.

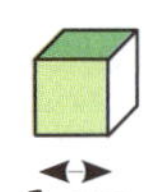

1 cm

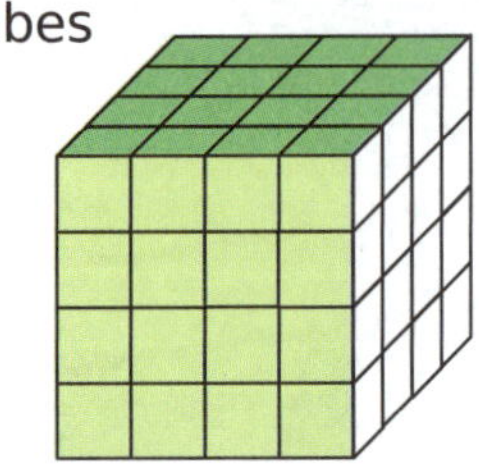

b. Yani veut construire un cube de 5 cm de côté en utilisant des petits cubes en bois de 1 cm de côté. Combien de cubes doit-il prévoir ?

c. Louise a commencé la construction d'un cube. Combien de petits cubes lui manque-t-il pour terminer son empilement ?

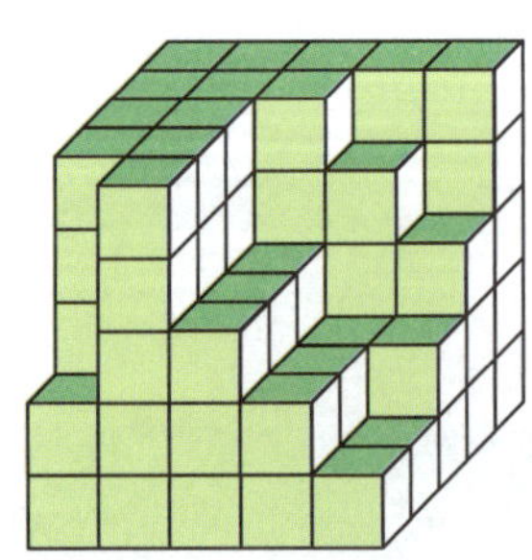

Calculs et conversions

1 Un coffret a la forme d'un pavé droit de dimensions 15 cm, 8 cm et 6 cm.

a. Combien de dés de 1 cm de côté peut-on ranger dans ce coffret ?

....

....

b. Calcule le nombre de cubes de 1 mm de côté que l'on peut ranger dans ce coffret.

....

....

....

c. Exprime son volume en cm³, puis en mm³.

V = ... cm³

V = ... mm³

d. Déduis-en le nombre de millimètres cubes contenus dans un centimètre cube.

....

....

2 Effectue les conversions suivantes.

a. 1 m³ = ... cm³

b. 1 dm³ = ... hm³

c. 800 mm³ = ... cm³

d. 3 594 km³ = ... dam³

e. 944,75 dm³ = ... cm³

f. 610 875 m³ = ... km³

3 Complète avec la bonne unité.

a. 1 000 000 mm³ = 0,000 001 ....

b. 2 941 cm³ = 0,000 002 941 ....

c. 48 dam³ = 48 000 000 ....

d. 0,001 68 hm³ = 1 680 ....

4 Choisis une unité de sorte que le nombre s'écrive avec le moins de zéros possible.

a. 11 000 dm³ = ...

b. 0,000 03 dam³ = ...

c. 153 800 000 m³ = ...

d. 0,027 2 dam³ = ...

5 Complète.

a. 1 dm³ = ... L

b. 1 m³ = ... L

c. 1 hL = ... m³

d. 250,5 L = ... m³

e. 84,412 cm³ = ... dL

f. 6 000 L = 0,006 ....

g. 10 000 000 cm³ = 100 ....

6 Un cube a pour arête 7 cm.

a. Calcule son volume en cm³.

....

....

b. Détermine son volume en mm³.

....

....

c. Détermine son volume en L.

....

....

7 Un récupérateur d'eau a la forme d'un pavé droit de dimensions 2 m, 3 m et 5 m.

a. Calcule le nombre de litres d'eau qu'il contient lorsqu'il est plein.

....

....

....

b. Détermine son volume en hL.

....

....

....

8 Soit un parallélépipède rectangle de largeur l, de longueur L, de hauteur h et de volume V.
Complète le tableau.

l	4 cm	1,2 dm		1 m
L	5 cm	5 dm	10 hm	
h	6 cm	2 dm	18 hm	4,8 m
V			90 hm³	12 m³

9 Abel a remarqué que la brique d'un demi-litre de jus d'oranges qui est dans son réfrigérateur est un pavé droit dont la base est carrée et dont la hauteur est de 20 cm. Fais un schéma de la brique puis détermine la longueur du côté de sa base.

10 Relie chaque volume ou capacité à l'objet qui lui correspond.

Volume ou capacité	Objet
60 m^3	Cuillère à café
144 cm^3	Mer Rouge
35 mL	Piscine
0,005 cm^3	Tour Montparnasse
300 hm^3	Bol
336 dam^3	Balle de tennis
2 L	Vase

11 Calcule le volume des solides suivants composés de parallélépipèdes rectangles accolés.

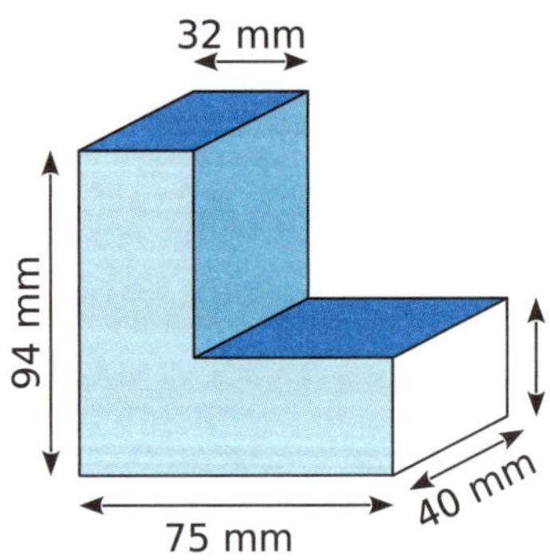

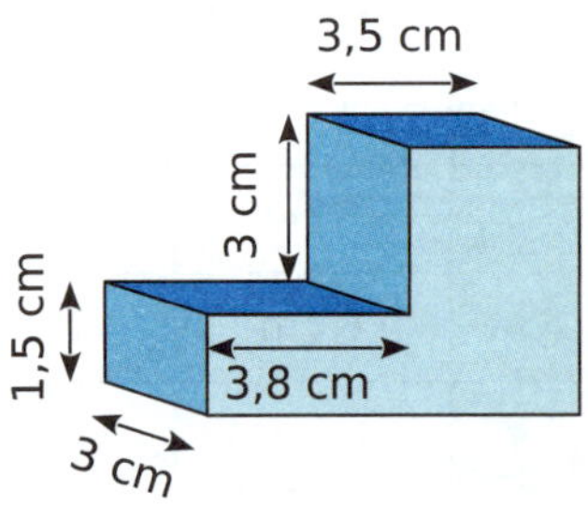

12 Le petit frère de Pierre a réalisé l'empilement ci-dessous.
Calcule son volume sachant que le côté du plus gros cube mesure 10 cm et que les côtés des autres cubes mesurent deux centimètres de moins que celui du dessous.

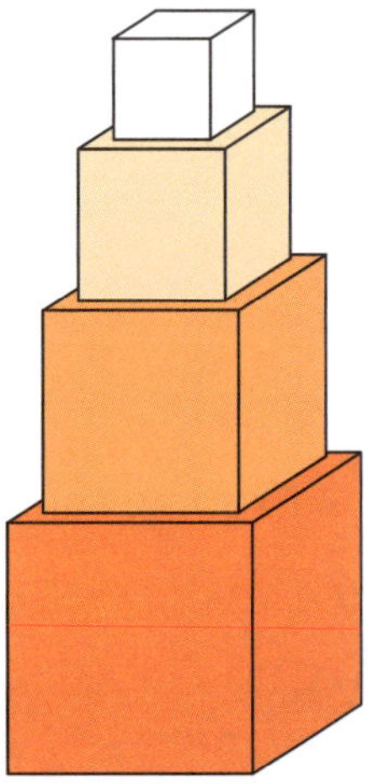

13 Un terrarium en forme de pavé droit, d'une capacité de 30 L, a pour longueur 40 cm et pour largeur 25 cm.
Calcule sa hauteur en centimètres.

14 Pour transporter des marchandises par bateau ou camion, on utilise des containers dont la longueur est de 12 m, la largeur de 2,5 m et la hauteur de 2,5 m.

a. Exprime ses dimensions en décimètres.

L = ...

l = ...

h = ...

b. Donne son volume en décamètres cubes.

15 Une baignoire est remplie à ras bord. On y plonge un cube plein de 25 cm d'arête qui coule immédiatement au fond de la baignoire en la faisant déborder.
Quelle quantité d'eau, en litres, s'est échappée de la baignoire ?

Représenter un solide

G1

Vocabulaire, nature

1 Les objets ci-dessous ont la forme de solides étudiés en cours. Donne la nature de chacun de ces objets.

....

....

....

....

....

....

....

....

....

....

2 Sur le solide ci-contre :

a. colorie une face en rouge.

b. repasse une arête en vert.

c. marque un sommet en bleu.

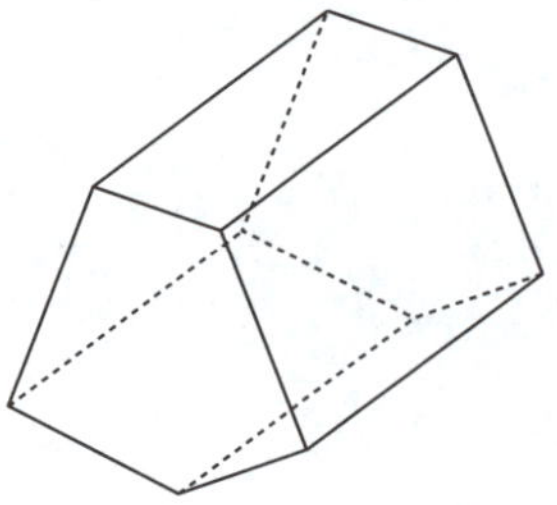

3 Complète à l'aide de la figure ci-contre.

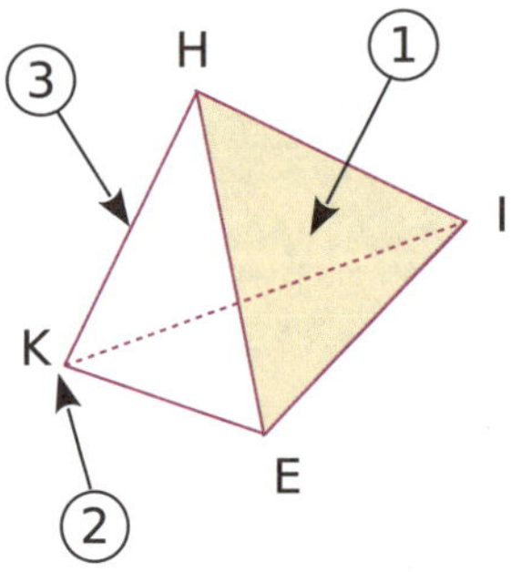

a. La flèche (1) désigne .... du solide.

Elle se nomme ....

b. La flèche (2) désigne .... du solide.

Il se nomme ....

c. La flèche (3) désigne .... du solide.

Elle se nomme ....

4 Description de solides

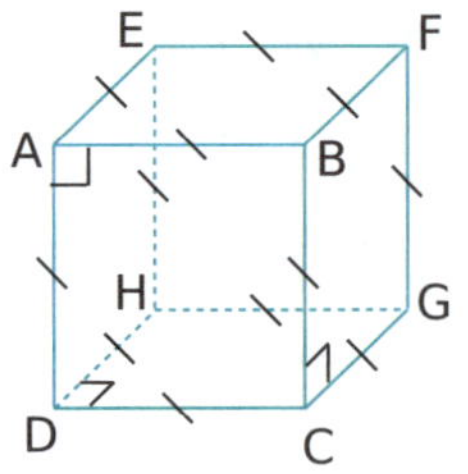

a. Quels sont la nature et le nom de ce solide ?

....

b. Combien a-t-il de sommets ?

....

c. Quelle est la nature de ses faces ?

....

d. Nomme toutes ses faces :

....

5 Apparence

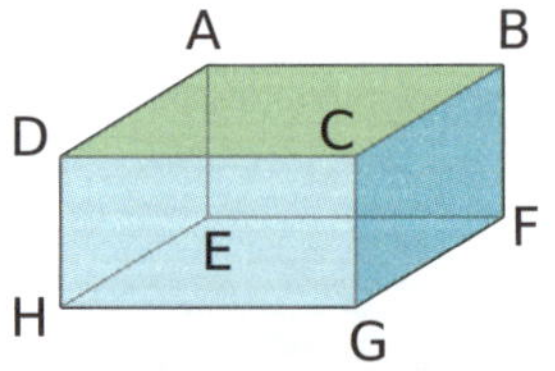

En regardant la représentation ci-contre d'un parallélépipède rectangle, Anne dit : « L'angle $\widehat{DAB}$ est obtus. » « Mais non, l'angle $\widehat{DAB}$ est droit. » lui répond Fadi. Commente ces affirmations.

....

....

6 **a.** Quelle est la nature du solide ci-contre ?

b. Quel est son sommet principal ?

c. Quelle est la nature de la base de ce solide ?

d. Donne un nom de cette base.

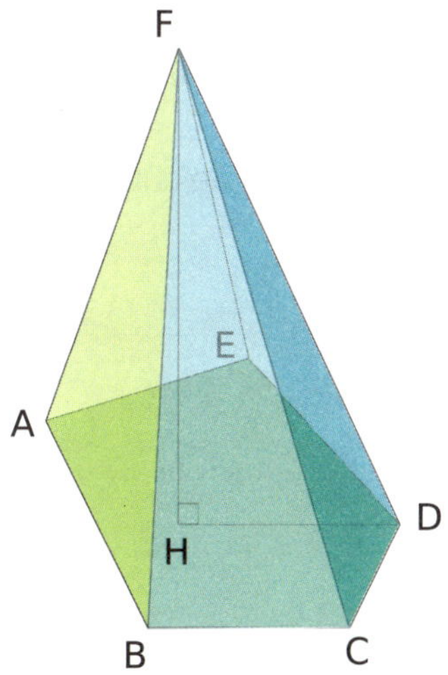

e. Quelle est la nature des faces latérales de ce solide ?

f. Cite une arête latérale de ce solide :

g. Quelle est la hauteur de ce solide ?

7 On considère le parallélépipède rectangle ABCDEFGH représenté ci-dessous.

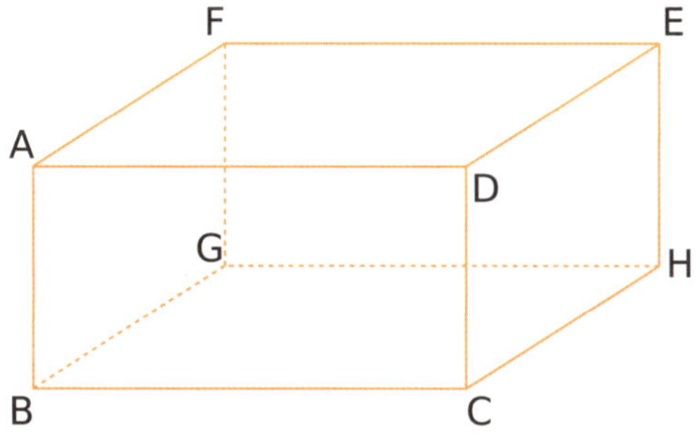

a. Repasse en rouge toutes les arêtes qui ont la même longueur que le segment [BG].

b. Repasse en bleu toutes les arêtes qui ont la même longueur que le segment [GH].

c. Repasse en vert toutes les arêtes parallèles à l'arête [CD].

d. Quelle est :

- la nature de la face CDEH ? ……
- la nature de la face AFED ? ……
- la face opposée à la face DEHC ? ……
- la face opposée à la face GBCH ? ……
- la nature du triangle CDE ? ……

e. Nomme :

- une arête perpendiculaire à l'arête [BC] :
- une arête parallèle à l'arête [DE] :
- toutes les arêtes perpendiculaires à l'arête [FG] :

8 **a.** Quelle est la nature du solide ci-contre ?

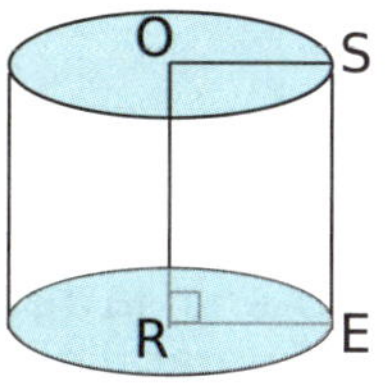

b. Décris une base de ce solide.

c. Que représente le segment [OR] pour ce solide ?

9 **a.** Quelle est la nature du solide ci-contre ?

b. Donne un nom de ce solide.

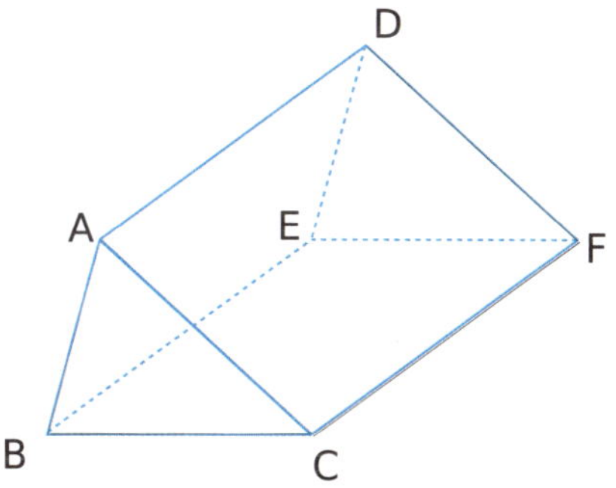

c. Quelle est la nature des bases de ce solide ?

d. Colorie ces bases.

e. Nomme ces deux bases.

f. Quelle est la nature des faces latérales ?

g. Combien de faces latérales ce solide a-t-il ?

h. Colorie les arêtes latérales de ce solide.

i. Cite une hauteur de ce solide.

Série 2 Perspective cavalière

1 Parmi les figures suivantes, entoure les deux seules qui sont des représentations correctes en perspective cavalière de parallélépipèdes rectangles.

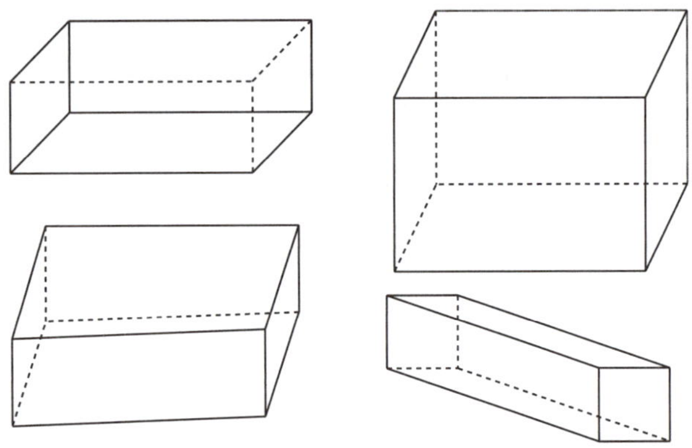

2 Dans chaque cas, complète le dessin de façon à obtenir la représentation en perspective cavalière d'un parallélépipède rectangle.

a.

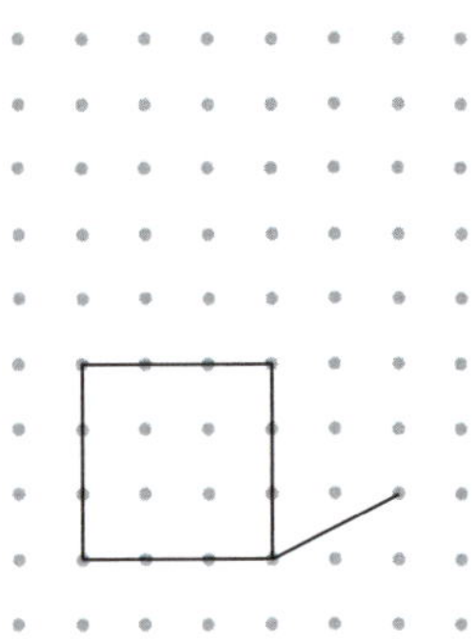

b.

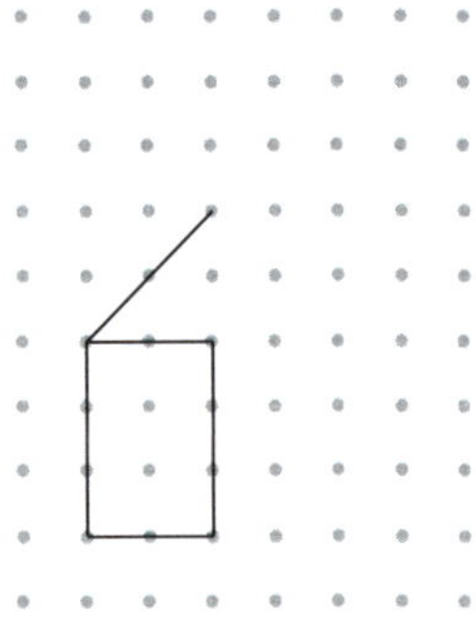

c.

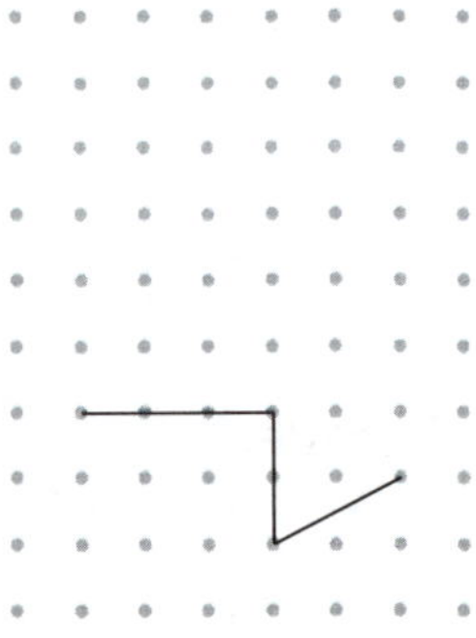

d.

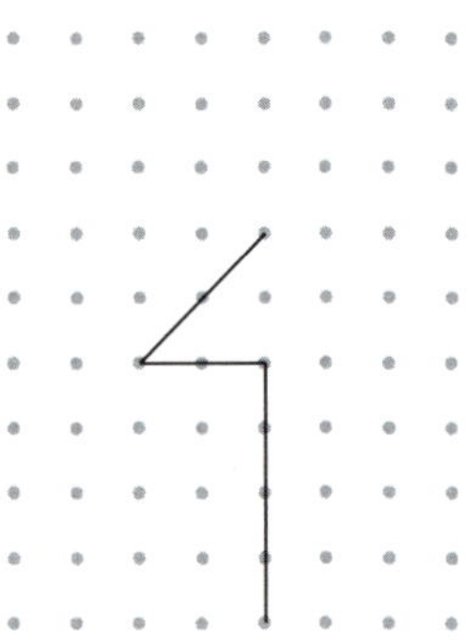

e.

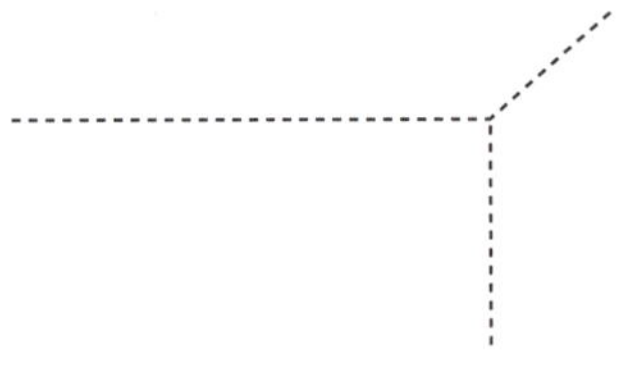

f.

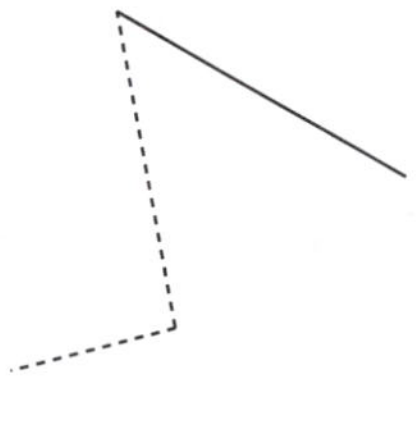

3 Un coffre à jouets a la forme d'un parallélépipède rectangle de largeur 30 cm, de longueur 50 cm et de hauteur 40 cm.

a. Combien de cubes de côté 10 cm peut-on y ranger ?

b. Combien de cubes de côté 2 cm peut-on y ranger ?

4 On considère le solide ci-contre. Décris le plus précisément possible les deux solides qui le composent.

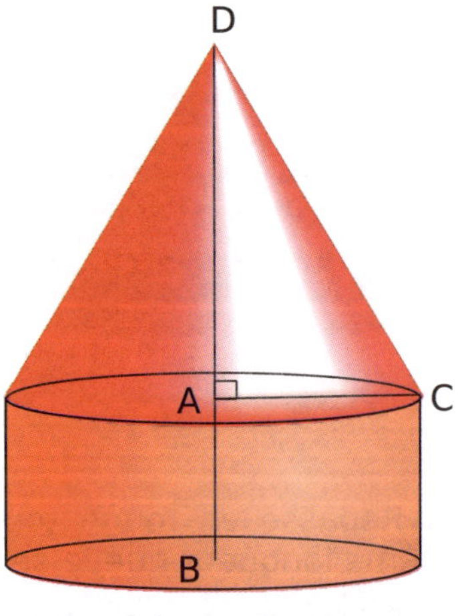

Série 3 Patrons

1 Associe chaque patron à la perspective cavalière qui lui correspond.

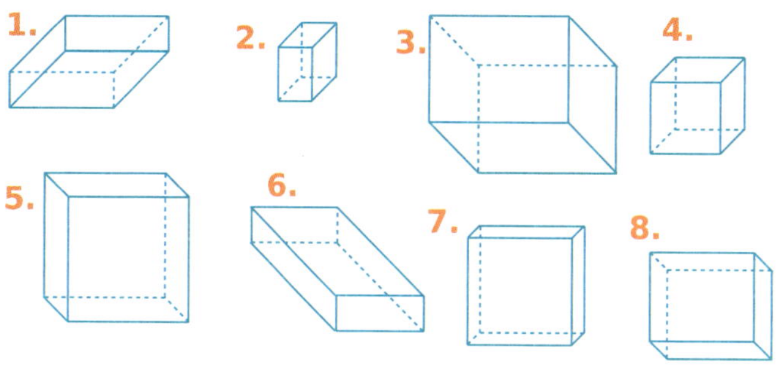

Représentation en perspective cavalière	1.	2.	3.	4.	5.	6.	7.	8.
Patron								

2 Parmi les figures suivantes, entoure celles qui sont des patrons de pavés droits.

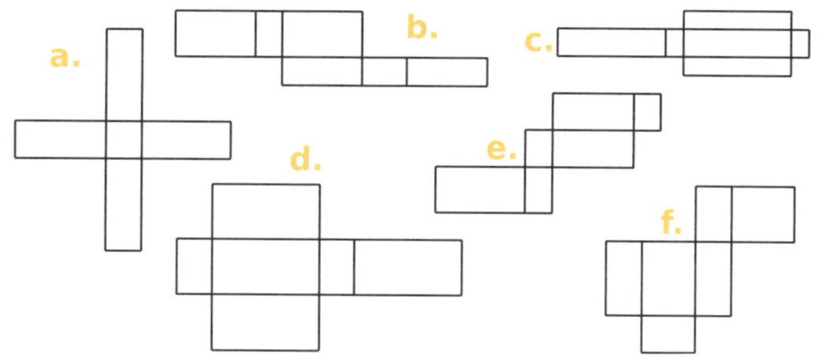

3 Parmi les figures suivantes, entoure celles qui sont des patrons de cubes.

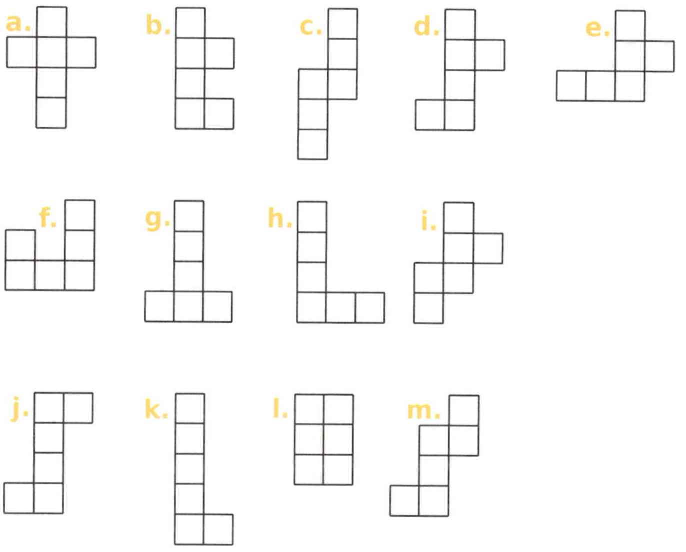

4 Dans chaque patron de pavé droit, code tous les segments qui ont la même longueur que le segment déjà codé.

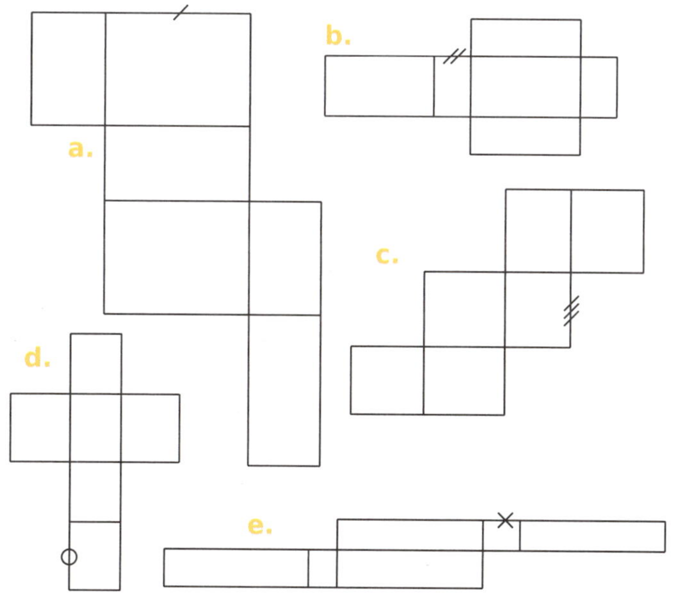

5 Complète les longueurs manquantes au niveau des flèches (les figures ne sont pas en vraie grandeur).

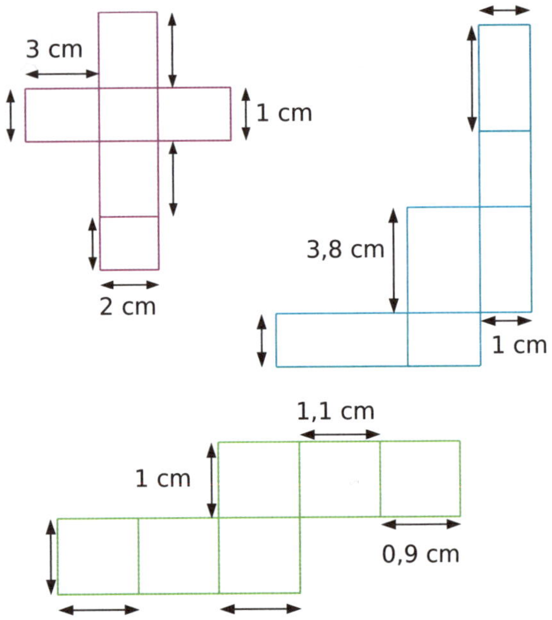

6 Trace un patron d'un morceau de sucre en forme de parallélépipède rectangle de longueur 1,8 cm, de largeur 1,2 cm et de hauteur 2,8 cm.

7 **Cubes : perspectives et patrons**

a. Voici le patron d'un cube.

Complète les vues en écrivant, dans le bon sens, les lettres manquantes.

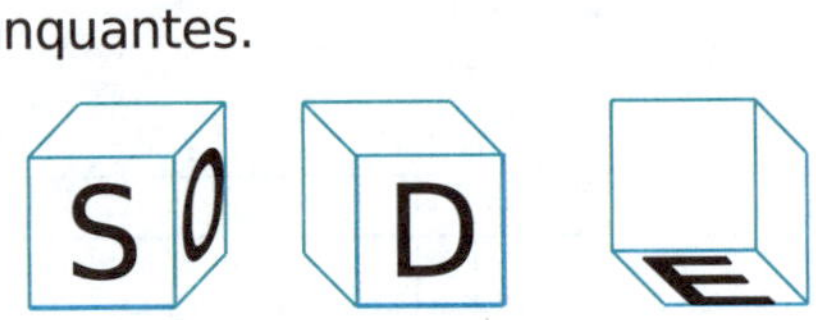

b. Sachant que, sur un dé, la somme des nombres de points marqués sur des faces opposées est 7, complète les patrons suivants.

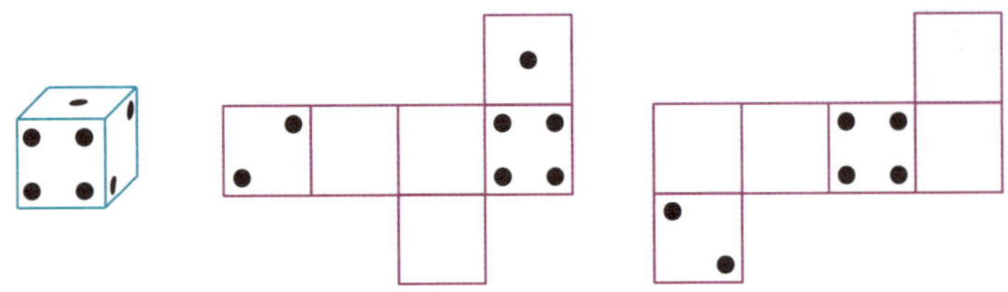

c. Complète les patrons du cube par les lettres et les segments manquants.

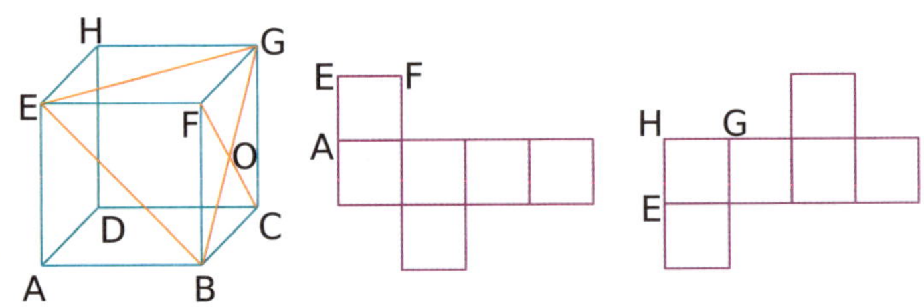

8 Avec un minimum de couleurs, colorie le patron suivant de façon à ce que deux zones voisines ne soient pas de même couleur. Une zone peut s'étendre sur plusieurs faces, les pointillés ne délimitent pas les zones.

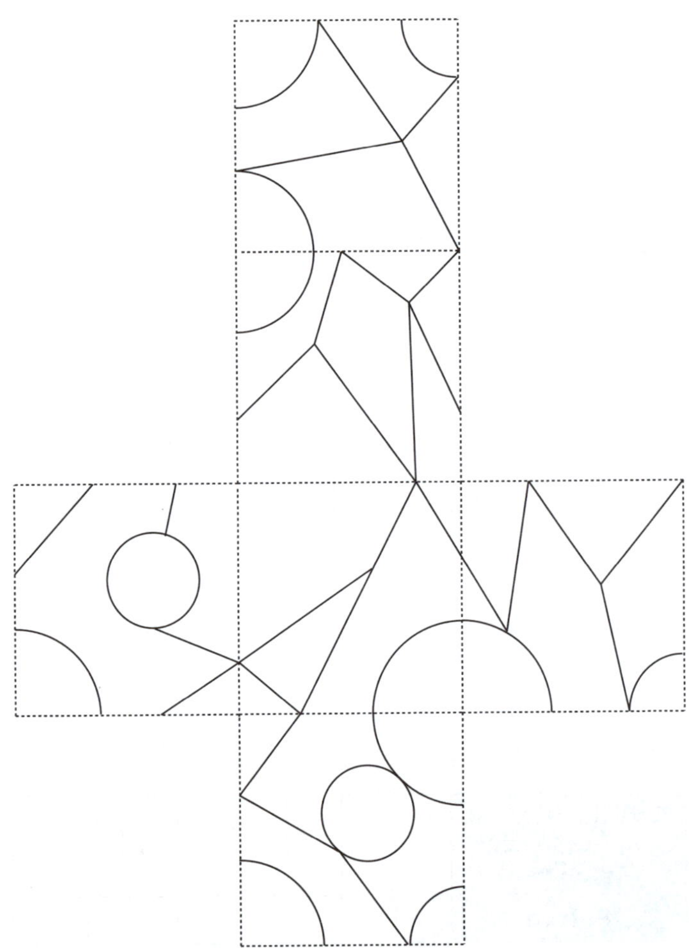

Segments, droites, cercles

G2

Points, droites et cercles

1 Schématiser un point

Entoure les points correctement représentés.

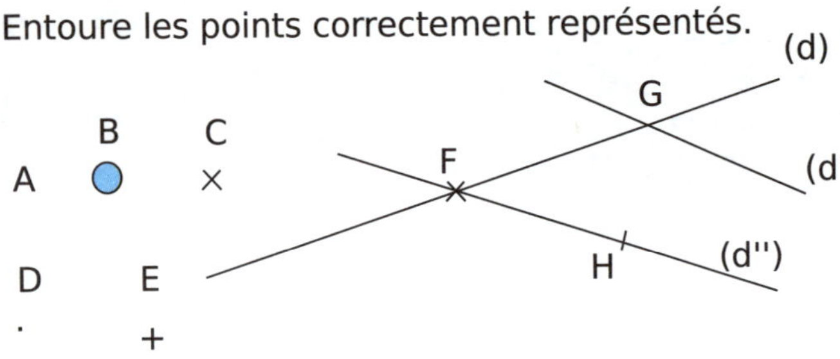

2 Placer un point

Louis, Laura et Saïd ont effectué l'exercice suivant :

« Place trois points A, B et C tels que :
- A est le point d'intersection de (d_1) et (d_2) ;
- B appartient à (d_1) et n'appartient pas à (d_2) ;
- C n'appartient ni à (d_1), ni à (d_2). »

a. Jean, Laura et Saïd ont fait des erreurs. Entoure en vert les points mal schématisés et en rouge les points mal placés.

Louis	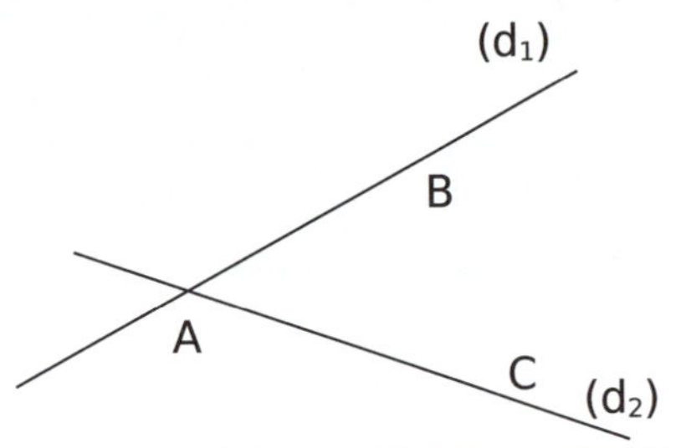
Laura	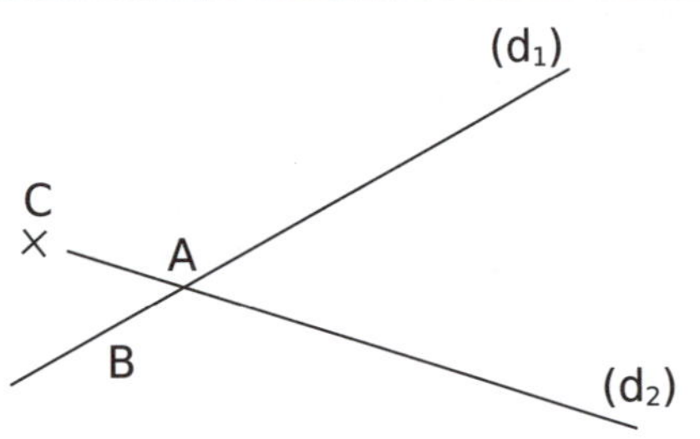
Saïd	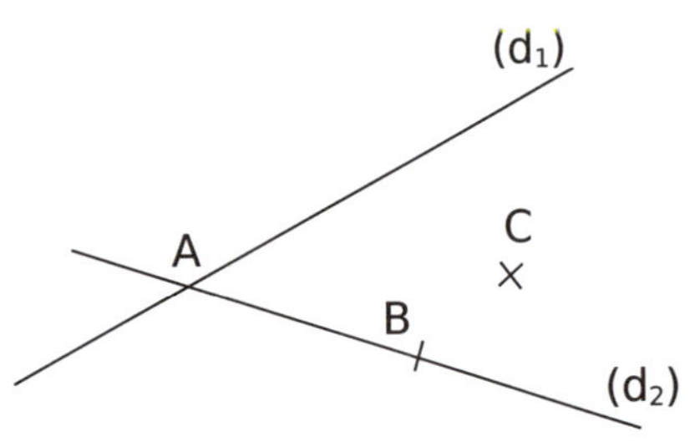

b. Place correctement les points A, B et C sur la figure suivante.

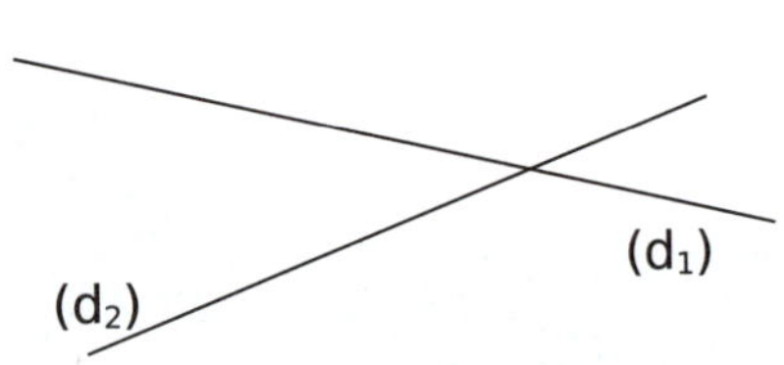

3 Complète la figure ou la consigne à l'aide des phrases ci-dessous.

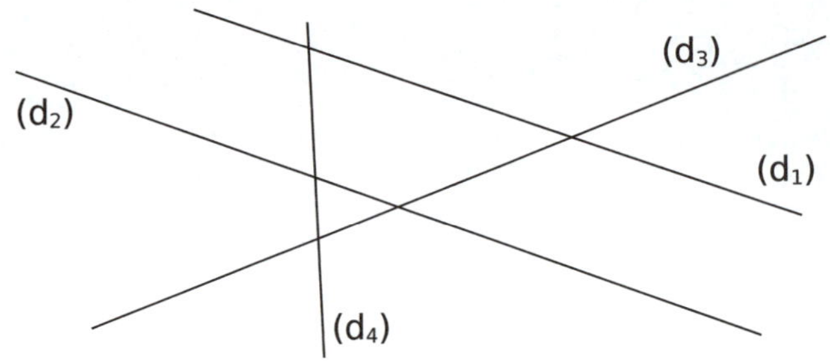

a. A est le point d'intersection de (d_2) et (d_4).

b. (d_1) et (d_3) se coupent en T.

c. Le point d'intersection de (d_3) et (d_4) est H.

d. M est à l'intersection de (d_4) et de (d_1).

e. Le seul point d'intersection qui n'est pas nommé est celui de .... et ....

4 Réalise ci-dessous la figure suivante :

« Le point A est l'intersection des droites (d_1) et (d_2). Les droites (d_2), (d_3) et (d_4) sont concourantes en V. De plus, (d_1) et (d_3) se coupent en E et le point C appartient à la fois à (d_1) et à (d_4). »

5 Complète les phrases à l'aide de la figure.

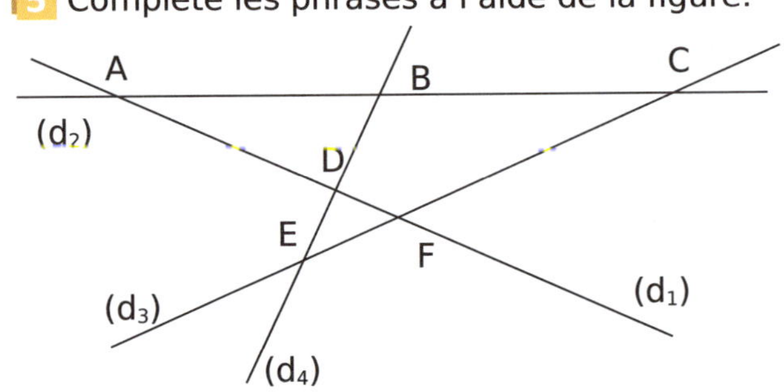

a. Les droites (d_1) et (d_2) se coupent en ....

b. Le point d'intersection de (d_1) et (d_3) est ....

c. C est le point d'intersection de .... et ....

d. Le point B est à l'intersection de .... et ....

e. D est ....
....

Série 1 Points, droites et cercles

6 On considère la figure suivante.

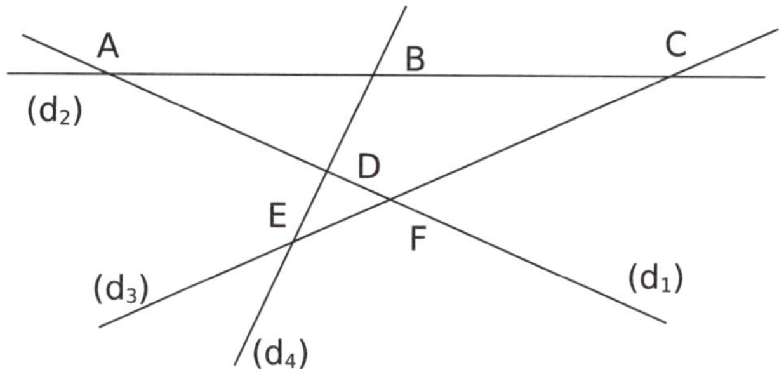

Relie chaque droite à ses autres noms possibles.

	• (AB)
(d_1) •	• (AC)
	• (AD)
	• (AF)
(d_2) •	• (BC)
	• (BD)
	• (BE)
(d_3) •	• (CE)
	• (CF)
	• (DE)
(d_4) •	• (DF)
	• (EF)

7 Vocabulaire du cercle

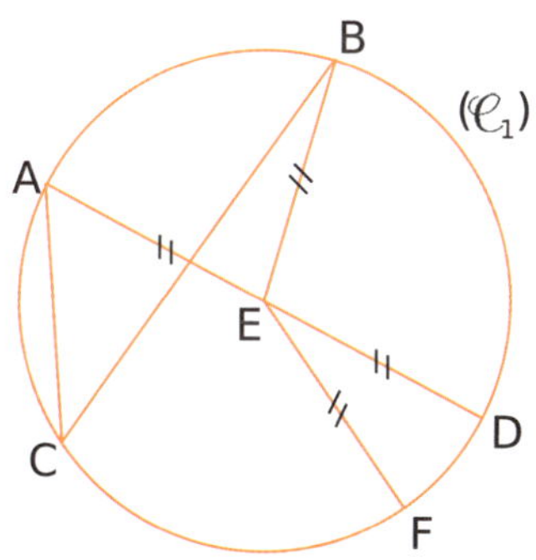

a. Complète les phrases suivantes en utilisant les mots :

cercle | corde | rayon | centre | diamètre | milieu

• Le .... $(\mathscr{C}_1)$ de .... E passe par les points A, B, C, D et F.

• Le segment [EF] est un .... de ce cercle.

• Le segment [AC] est une .... de ce cercle.

• E est le .... du .... [AD].

b. Écris deux phrases similaires en utilisant les mots de la liste précédente et les lettres de la figure.

....

....

....

....

8 Figures cachées

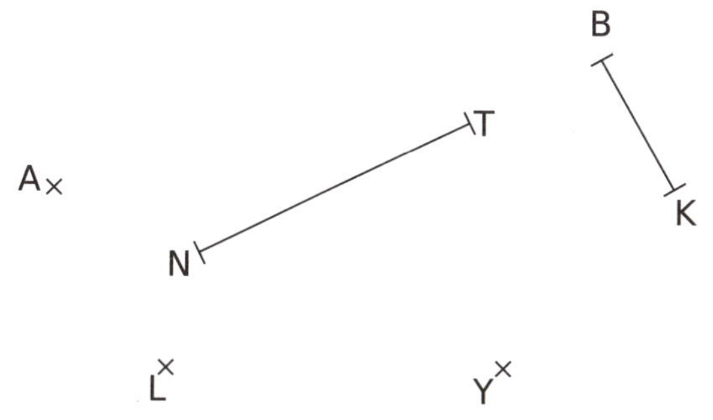

Sur la figure ci-dessus, effectue les tracés demandés.

a. Trace en bleu le cercle de centre A et de rayon 2 cm.

b. Trace en rouge le cercle de rayon [BK] et de centre K.

c. Trace en jaune le cercle de centre L et de diamètre 4 cm.

d. Trace en noir le cercle de diamètre [NT].

e. Trace en vert le cercle de centre Y et de rayon [KB].

9 Triplet de cercles

a. Trace un segment [AB] de longueurs 4 cm.

b. Marque le point O, milieu du segment [AB].

c. Trace le cercle de centre O et de rayon 2 cm.

d. Trace les cercles de diamètres [AO] et [OB].

Droites, demi-droites et segments

1 Repasse en vert la partie de la droite correspondant aux notations.

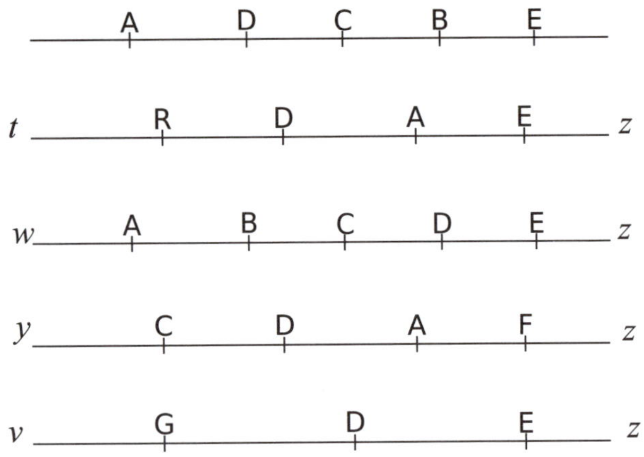

[AC]

[AR]

[Dw)

(DA)

(Gz)

2 Utilise les symboles [,], (et) pour décrire la partie de la droite qui a été repassée en couleur.

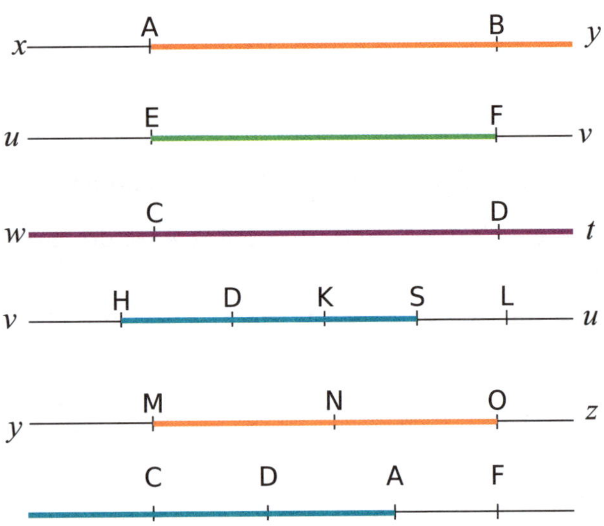

.....

.....

.....

.....

.....

.....

3 Complète le texte suivant avec les symboles [,], (et) ainsi que les lettres A, B, C et D uniquement.

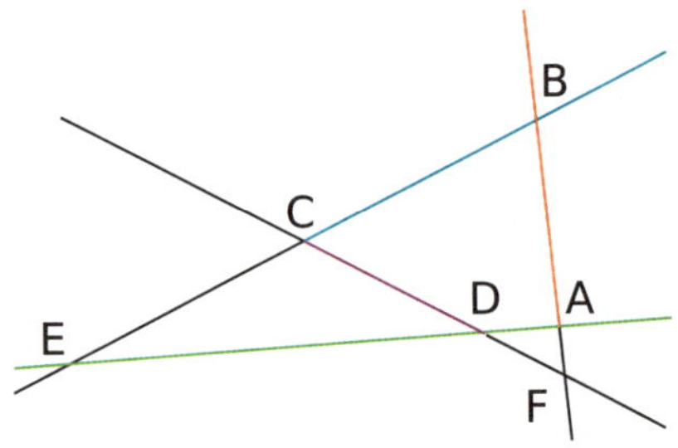

a. En orange, on a représenté ....

b. En vert, on a représenté ....

c. En bleu, on a représenté ....

d. En violet, on a représenté ....

4 Traduis en écriture mathématique, puis illustre en complétant la figure.

a. Le segment qui a pour extrémités A et B : ....

A × B ×

b. La droite passant par A et B : ....

A × B ×

c. La demi-droite d'origine A passant par B : ....

A × B ×

5 Traduis par un groupe nominal en français les expressions mathématiques suivantes.

a. [OB) : ....

....

b. [MN] : ....

c. (AC) : ....

d. [Ox) : ....

....

6 **« Prends garde à la consigne »**

a. Repasse en vert la partie de la droite dont les points appartiennent à [AB) mais pas à [CD).

b. Repasse en rouge la partie de la droite dont les points appartiennent à la fois à [AB) et à [DC) mais pas à [EF].

7 **Programme de construction**

Entoure la figure qui correspond au programme de construction.

- Place trois points A, B et C non alignés.
- Trace le segment [AB].
- Trace la droite (AC).
- Trace la demi-droite [BC).

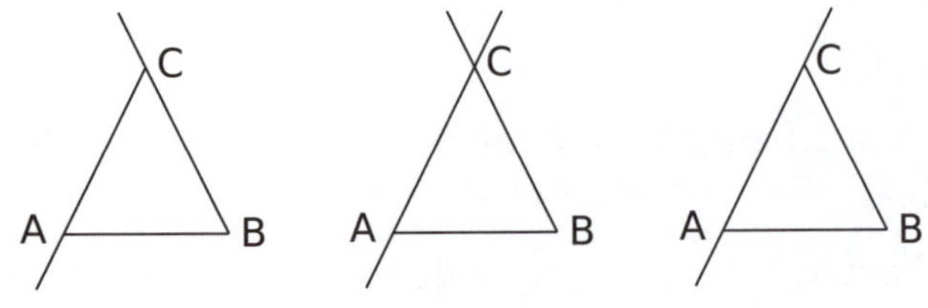

Milieu, alignement, appartenance

1 Longueurs et milieux

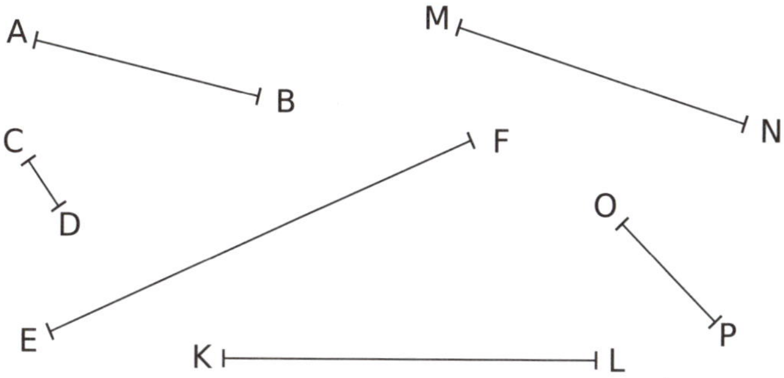

a. Mesure les segments ci-dessus.

AB = ... cm	...... = ... cm	...... = ... cm
CD = ... cm	...... = ... cm	...... = ... cm

b. Construis le milieu de chaque segment et code les longueurs égales.

c. On appelle J le milieu du segment [KL]. Combien mesure KJ ? Et JL ?

....

2 On considère un segment [JL] et on appelle U son milieu. Complète les phrases suivantes.

a. Si JL = 12 cm, alors UL = ... cm.

b. Si JU = 4 m, alors UL = ...

c. Si UL = 5 hm, alors JL = ...

3 Vrai ou faux ?

Complète par « vrai » ou « faux ».

a. Si le point C est sur la droite (AB), alors les points A, B et C sont alignés dans cet ordre :

....

b. Si le point O est au milieu du segment [SL], alors les points S, O et L sont alignés dans cet ordre :

....

c. Si le point E appartient à la demi-droite [MR), alors les points M, E et R sont alignés dans cet ordre :

....

4 Complète avec ∈ ou ∉.

a. N ...... [DC]	e. D ...... [NC)
b. N ...... [DC)	f. C ...... (ND)
c. N ...... (DC)	g. C ...... [DN)
d. D ...... [CN)	h. D ...... [DC)

5 Complète avec ∈ ou ∉.

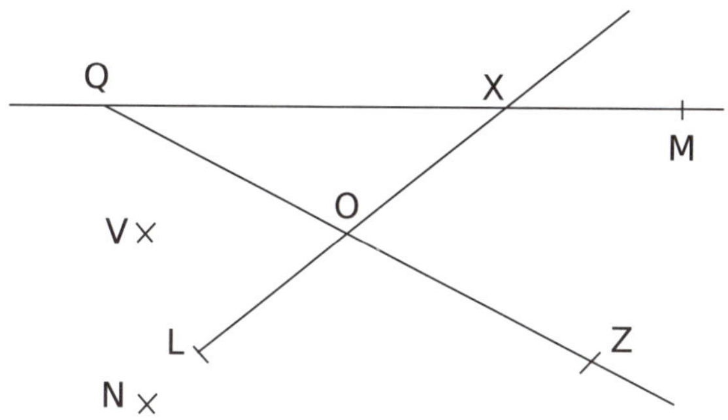

a. X ...... (QM)	d. X ...... [QM)	g. O ...... [LX]
b. X ...... [QM]	e. Q ...... (OZ)	h. L ...... [XO]
c. Q ...... [XM]	f. Q ...... [ZO]	i. L ...... [XO)

6 Vrai ou faux ?

Complète par « vrai » ou « faux ».
Fais des figures sur une feuille de brouillon pour t'aider à trouver les réponses.

a. Si C ∈ (AB), alors A ∈ (BC) : ....

b. Si E ∈ [DF], alors D ∈ [EF] : ....

c. Si C ∈ [AB) mais C ∉ [AB], alors A ∈ [CB) : ....

d. Si C ∈ [BA) mais C ∉ [AB], alors B ∈ [AC) : ....

e. Si C ∈ [BA) et D ∈ [AC), alors B ∈ [DA) : ....

7 En t'aidant des points déjà marqués, place les points H, I, L et M.

a. H ∈ [AB) et H ∈ [ED]

b. I ∈ [CB) et I ∈ [ED]

c. L ∈ [BD] et L ∈ [CH)

d. M ∈ [AI) et M ∈ [DH)

Parallèles, perpendiculaires, distances

1 Observe le codage du dessin puis complète par :

parallèles | perpendiculaires | sécantes et non perpendiculaires

Les droites colorées et de même couleur sont parallèles (les noires ne le sont pas).

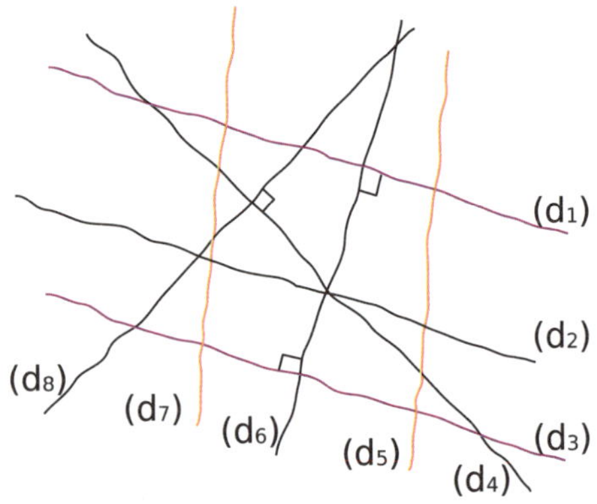

a. (d_1) et (d_6) sont ....

b. (d_1) et (d_3) sont ....

c. (d_1) et (d_2) sont ....

d. (d_5) et (d_7) sont ....

e. (d_6) et (d_7) sont ....

f. (d_4) et (d_8) sont ....

g. (d_3) et (d_6) sont ....

2 De a. à g. complète les pointillés, puis en h. et i. écris deux phrases similaires en utilisant les mots **parallèle** ou **perpendiculaire**. *Sur cette figure, les droites qui ont la même couleur sont parallèles.*

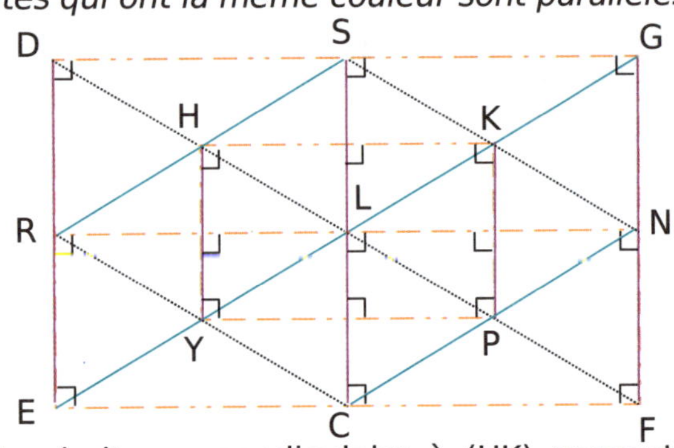

a. **La** droite perpendiculaire à (HK) passant par H est la droite ....

b. **Une** droite perpendiculaire à (SC) est la droite .... ou la droite ....

c. **La** droite parallèle à (DF) passant par N est la droite ....

d. **Une** droite parallèle à (RN) est la droite .... ou la droite ....

e. **La** droite parallèle à (PN) passant par R est la droite ....

f. .... droite perpendiculaire à (EF) passant par N est la droite (GF).

g. .... droite perpendiculaire à (EF) est la droite (DE).

h. **La** droite ....
....

i. **Une** droite ....
....

3 Voici une figure :

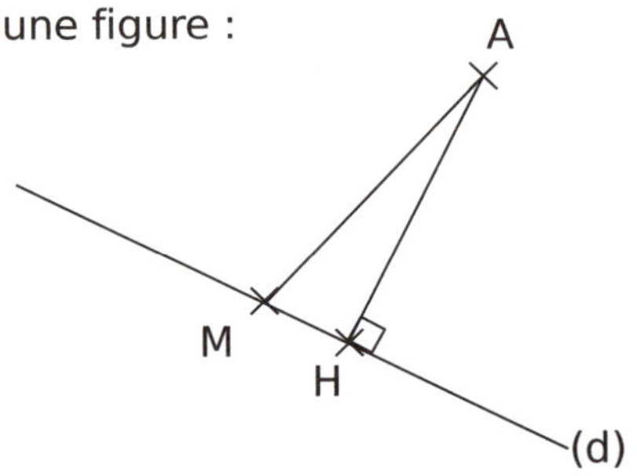

Complète le texte suivant.

Les points .... et .... sont sur la droite (d). Comme (AH) est .... à (d), la distance. AH est plus .... que la distance AM. En fait, ... est la distance du point A à la droite (d).

4 On considère la figure suivante.

a. Place le point D sur la droite (d) tel que (MD) soit perpendiculaire à (d).

b. Code la figure.

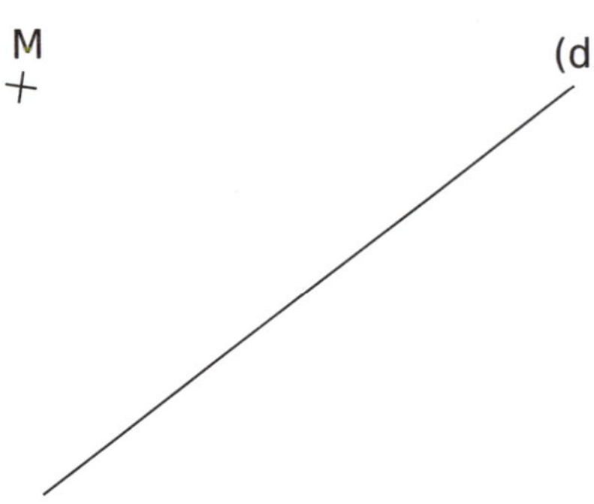

c. Combien mesure MD ?

....

d. Quelle est la distance du point M à la droite (d) ?

....

Série 4 Parallèles, perpendiculaires, distances

5 Dans chacun des cas suivants, écris une consigne permettant de passer de la figure de gauche à celle de droite.

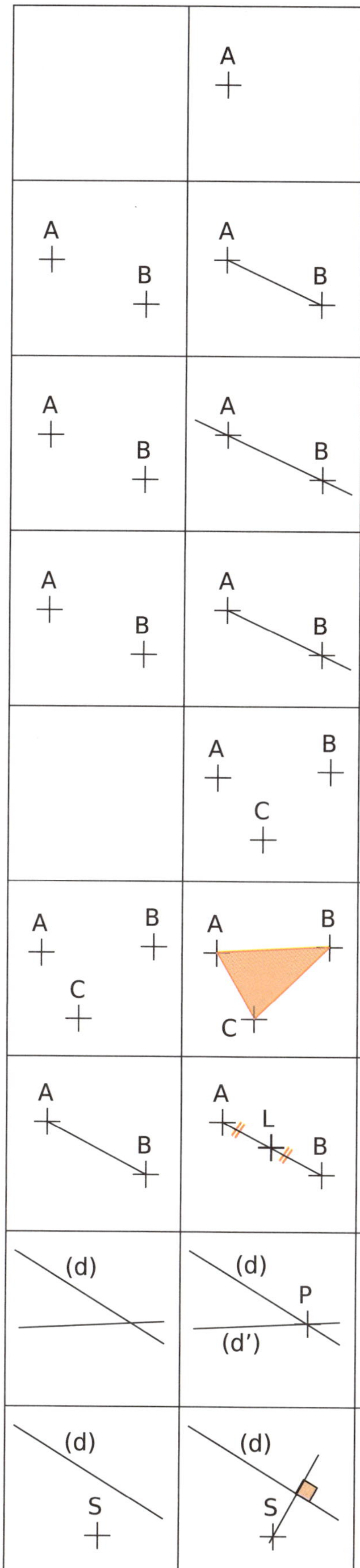

a.

b.

c.

d.

e.

f.

g.

h.

i.

6 Vocabulaire

En observant les figures ci-dessous, complète les phrases en utilisant les mots proposés.

perpendiculaire(s) — angle droit — parallèle(s) — sécantes — une parallèle — la perpendiculaire — une perpendiculaire — la parallèle

On considère la figure ci-contre pour les questions **a.** à **e.**

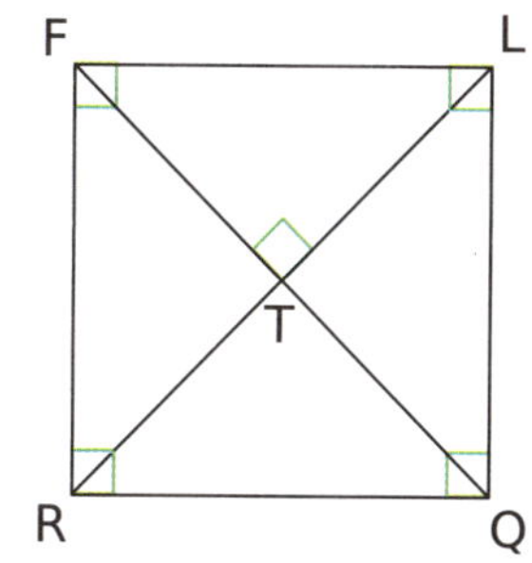

a. Les droites (QR) et (FR) forment un ....

b. La droite (LR) est ....

à la droite (FQ) passant par le point T.

c. Les droites (LQ) et (TR) ....

d. La droite (FR) semble ....

à la droite (LQ).

e. La droite (RQ) semble être ....

à la droite (FL) passant par le point R.

On considère la figure ci-contre pour les questions **f.** à **j.**

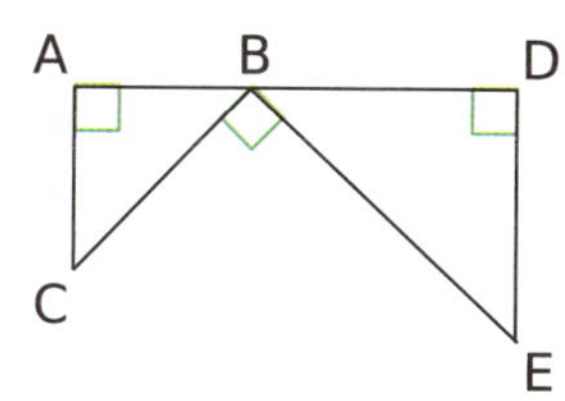

f. La droite (AC) est ....

à la droite (BD).

g. Les droites (AC) et (DE) semblent ....

entre elles.

h. La droite (AC) est .... à

la droite (BD) passant par le point A.

i. La droite (DE) et la droite (AB) forment un ....

....

j. Les droites (BC) et (DE) sont ....

7 Tout mélangé

Pour réaliser la figure suivante, Géraldine a fait des étiquettes de programme, mais son chat les a mélangées.

Tracer la droite perpendiculaire à (MU) passant par I. Elle coupe (MU) en O.	Tracer la droite parallèle à (MA) passant par O. Elle coupe (AU) en H.	Tracer la droite perpendiculaire à (MA) passant par U. Elle coupe (MA) en I.	Tracer un triangle MAU.

Réécris le programme de construction et replace les points manquants sur la figure.

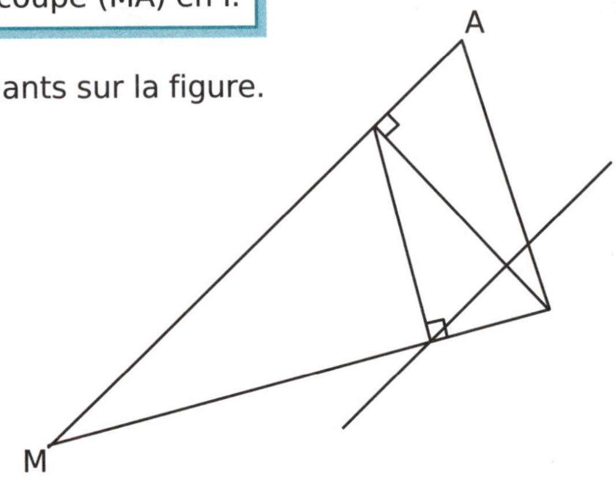

....

....

....

....

....

8 Démontrer

Paul a commencé à tracer à main levée ci-dessous quatre droites (d_1), (d_2), (d_3) et (d_4) de façon que :

– (d_1) et (d_3) sont parallèles ;

– (d_2) est perpendiculaire à (d_3) ;

– (d_4) est perpendiculaire à (d_1).

a. Rajoute les noms des droites manquantes et code la figure de Paul.

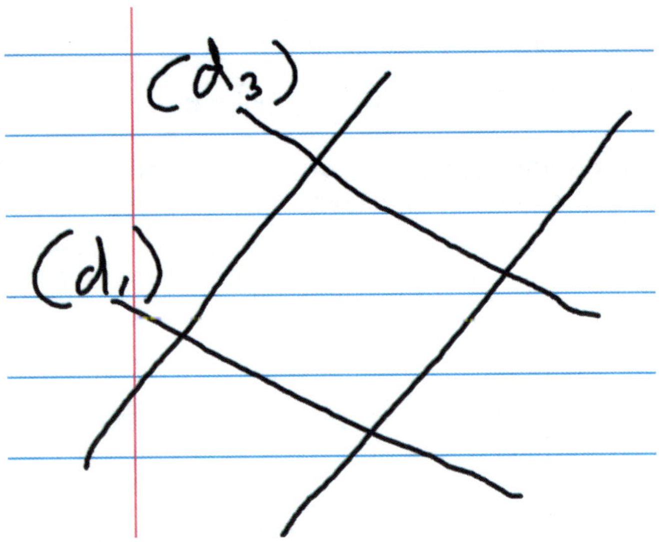

b. Réalise ci-dessous une figure à la règle.

c. Coche la bonne réponse.

Sur ma figure, les droites (d_2) et (d_4) **semblent** :

☐ perpendiculaires

☐ sécantes

☐ parallèles

☐ concourantes

d. Complète la démonstration suivante, avec les mots **perpendiculaire(s)** et **parallèle(s).**

Les droites (d_1) et (d_3) sont .... et (d_2) est .... à (d_3), donc (d_2) est .... à (d_1).

Or, (d_1) et (d_4) sont .... Ceci prouve que (d_2) et (d_4) sont ....

e. Démontre que (d_3) est perpendiculaire à (d_4).

....

....

....

....

....

....

....

....

....

....

Angles

G3

Série 1 Comprendre la notion d'angle

1 Compare l'ouverture des deux portes.

....

....

....

2 Le champ visuel est la portion d'espace que l'on peut voir devant soi en gardant les yeux immobiles. Compare les différents angles colorés, représentant ci-dessous les champs de vision de l'homme et de quelques animaux.

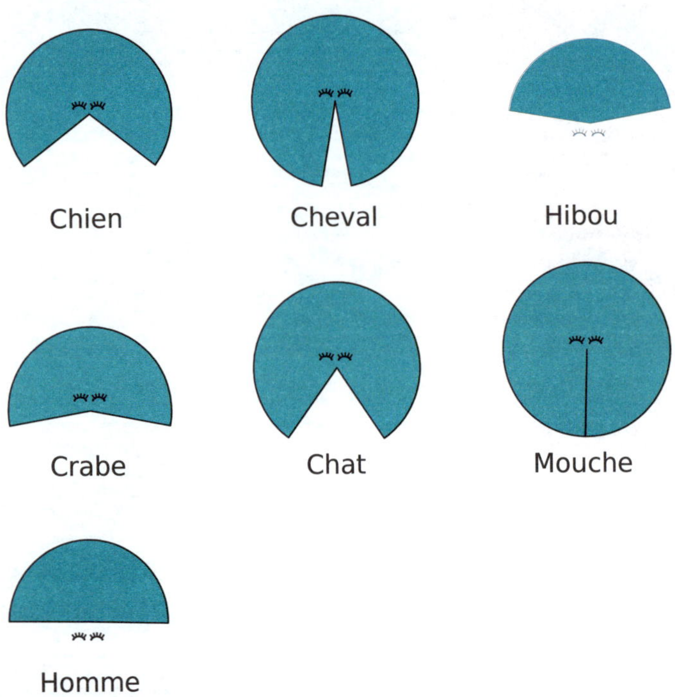

....

....

....

....

....

....

3 On s'intéresse aux aiguilles d'une horloge.

a. Cite une heure à laquelle la petite et la grande aiguille forment un angle droit.

....

b. Même question avec un angle plat.

....

c. Même question avec un angle nul.

....

4 Pour chaque cas, indique la nature de l'angle bleu (aigu ou obtus).

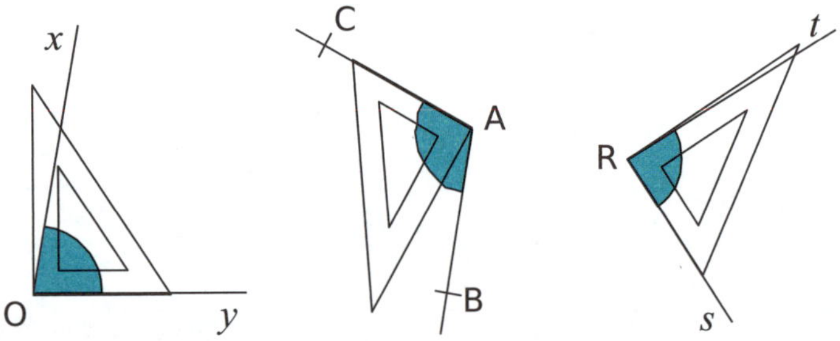

....

....

....

5 En utilisant l'équerre si nécessaire, classe les angles dans le tableau ci-dessous.

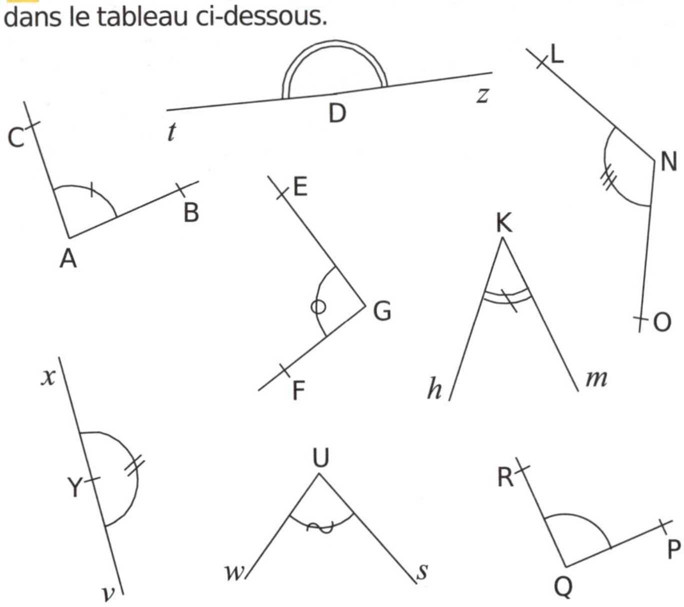

Aigu	Droit	Obtus	Plat

Comprendre la notion d'angle

6 On considère les angles ci-dessous.

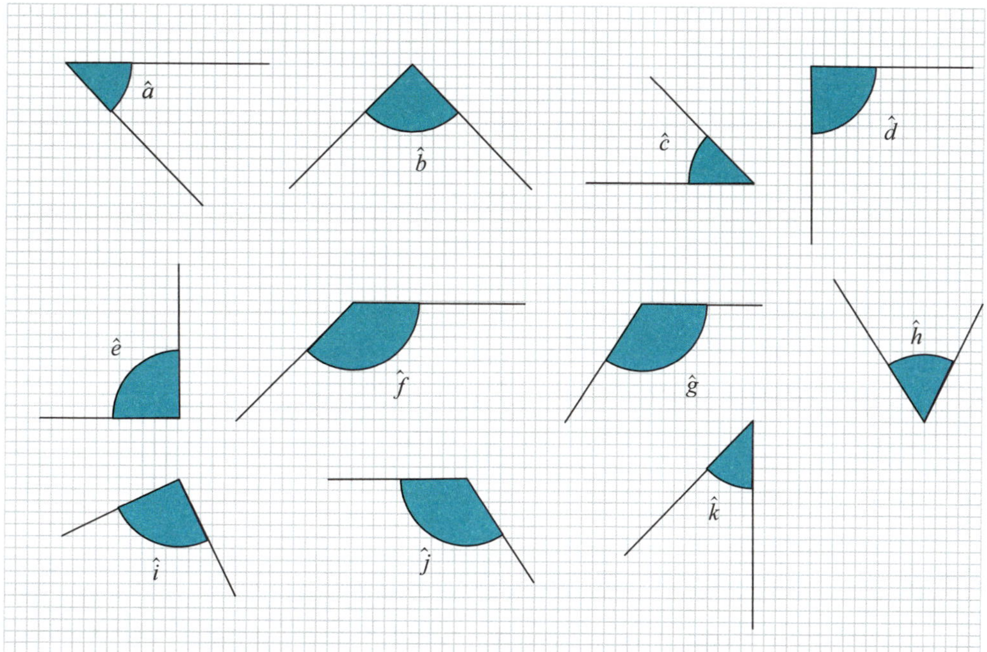

a. Cite ceux qui semblent être droits.

....

b. Quels sont les angles qui peuvent être superposables ?

....

7 En utilisant l'équerre, donne la nature des angles cités.

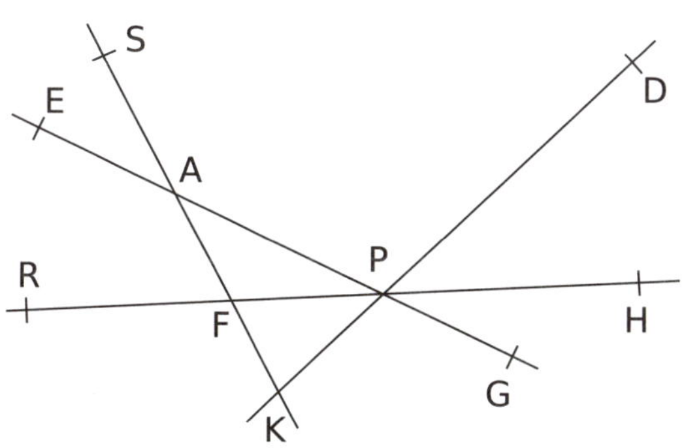

$\widehat{SAP}$ semble être un angle ....

$\widehat{DPG}$ semble être un angle ....

$\widehat{AKP}$ semble être un angle ....

$\widehat{RFS}$ semble être un angle ....

$\widehat{RFH}$ semble être un angle ....

$\widehat{SFH}$ semble être un angle ....

$\widehat{PAG}$ semble être un angle ....

$\widehat{GPH}$ semble être un angle ....

8 Marque les angles semblant aigus avec un arc rouge, les angles semblant obtus avec un arc bleu et les angles semblant droits avec un carré vert.

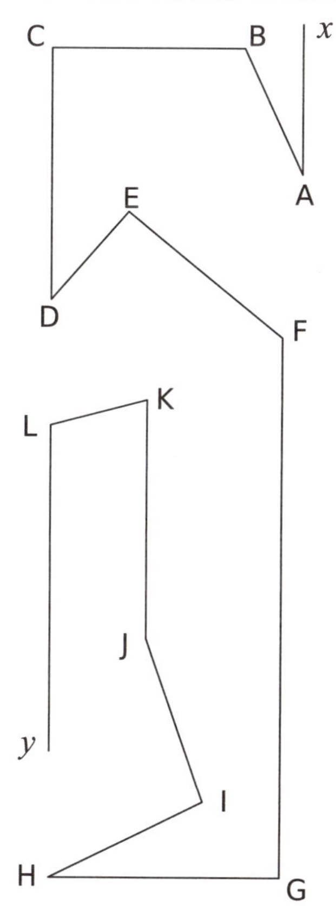

Nommer des angles

1 Sur cette figure, marque :

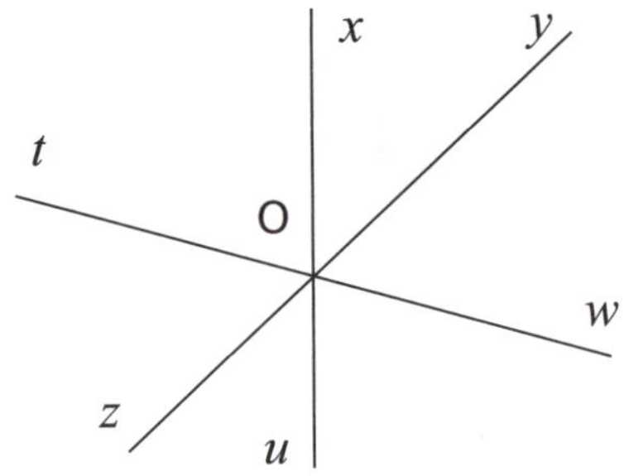

a. en vert, l'angle $\widehat{tOx}$.

b. en bleu, l'angle $\widehat{yOu}$.

c. en rouge, l'angle $\widehat{zOx}$.

d. en noir, l'angle $\widehat{xOw}$.

2 Utilise les figures pour compléter le tableau.

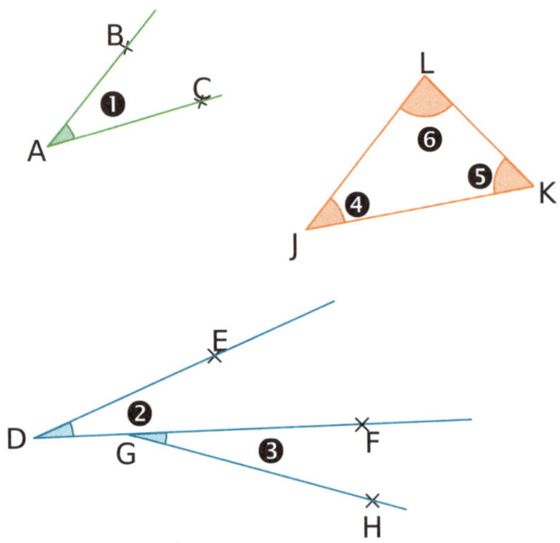

Angle	Nom	Sommet	Côtés
❶			
❷			
❸			
❹			
❺			
❻			

3 Sur cette figure, code les égalités d'angles.

- $\widehat{FEA} = \widehat{EFA} = \widehat{EAF}$
- $\widehat{MAE} = \widehat{MEA}$

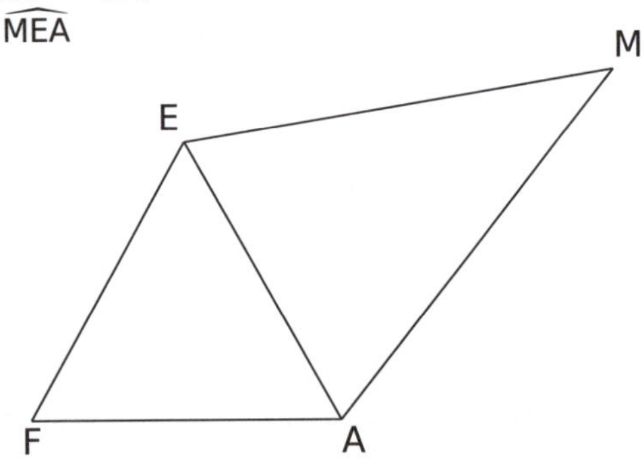

4 Observe attentivement la figure suivante, puis écris toutes les égalités d'angles codées.

a. $\widehat{pCn}$ = ...

b. .... = ...

c. .... = ... = ...

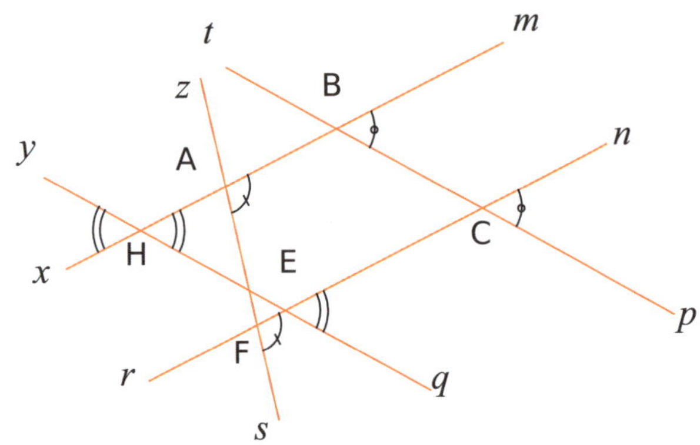

5 Sur la figure ci-dessous, les points T, A et I sont alignés ainsi que les points P, A et R.

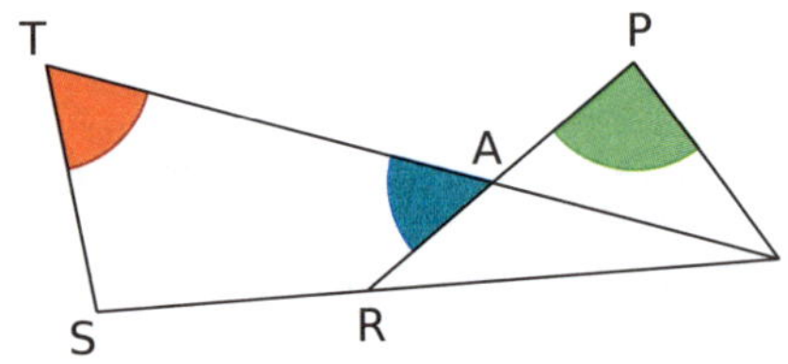

a. Pour chacun des angles colorés, donne toutes les façons différentes de le nommer.

....

....

....

....

....

....

....

b. Nomme tous les angles ayant pour sommet I.

....

....

....

....

....

....

....

Série 3 Mesurer un angle

1 Sans utiliser d'instrument de géométrie, relie chaque angle à sa mesure.

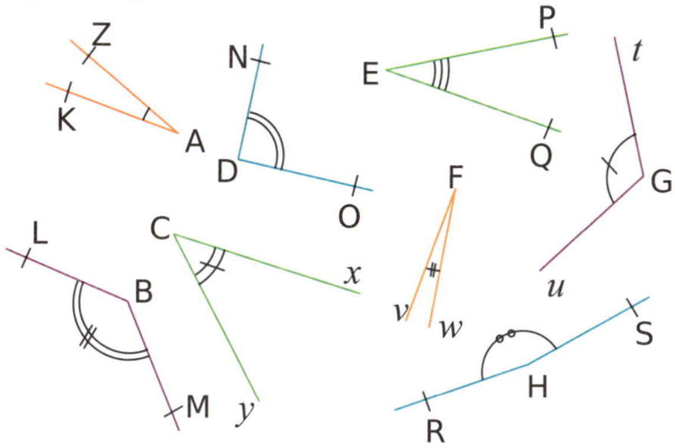

Angle			Mesure
$\widehat{ZAK}$	•	•	5°
$\widehat{NDO}$	•	•	20°
$\widehat{PEQ}$	•	•	30°
$\widehat{tGu}$	•	•	45°
$\widehat{LBM}$	•	•	90°
$\widehat{yCx}$	•	•	120°
$\widehat{vFw}$	•	•	135°
$\widehat{RHS}$	•	•	170°

2 Mathilde a mal placé son rapporteur pour mesurer l'angle coloré. Pourquoi ?

....

....

....

....

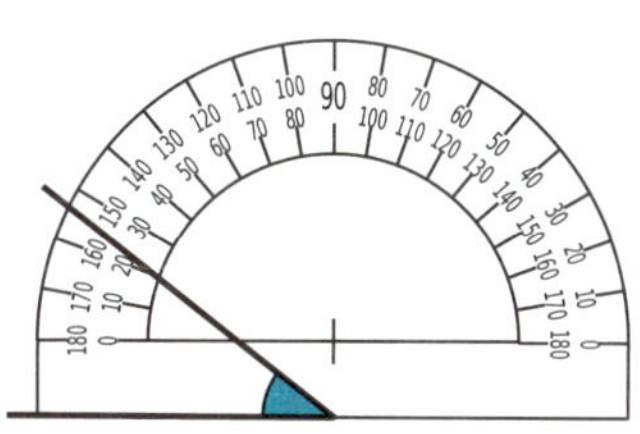

3 Sarah a mal placé son rapporteur pour mesurer l'angle coloré. Pourquoi ?

....

....

....

....

....

....

....

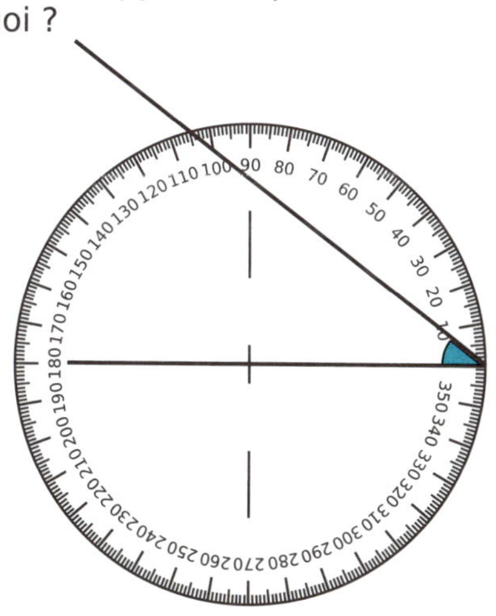

4 Saïd a lu 70° pour l'angle colorié. C'est faux. Pourquoi ?

....

....

....

....

....

....

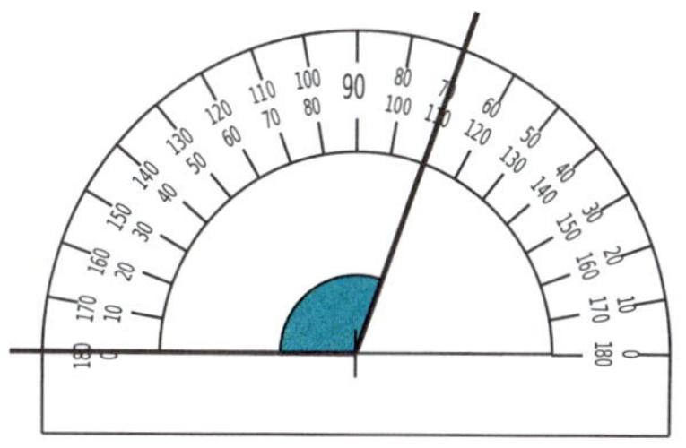

5 Capucine a lu 136° dans cette situation. Pourquoi s'est-elle trompée et quelle est la bonne mesure ?

....

....

....

....

....

....

....

....

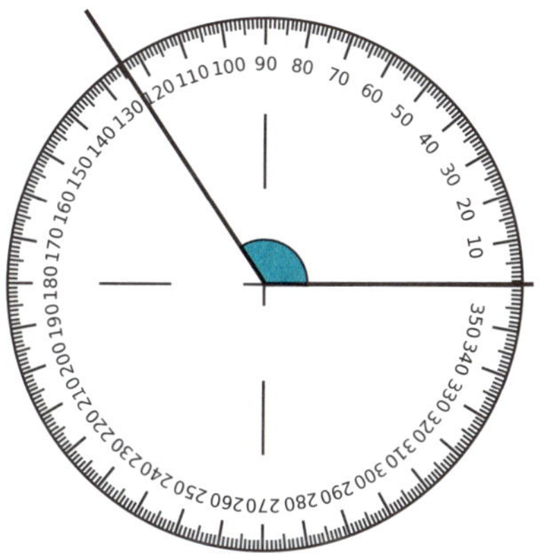

6 Sur les figures ci-dessous, lis la mesure de chaque angle sur le rapporteur, puis écris-la dans la bulle.

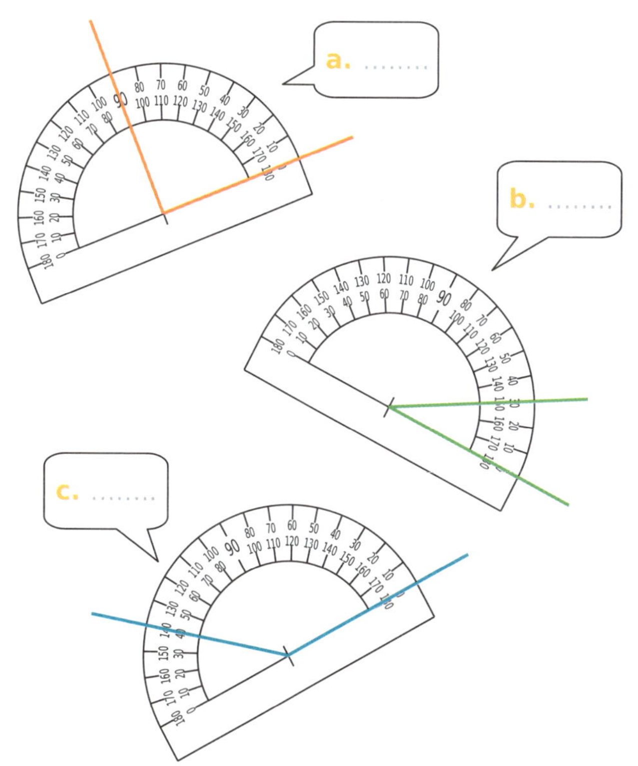

Série 3 Mesurer un angle

7 Sur les figures ci-dessous, lis la mesure de chaque angle sur le rapporteur, puis écris-la dans la bulle.

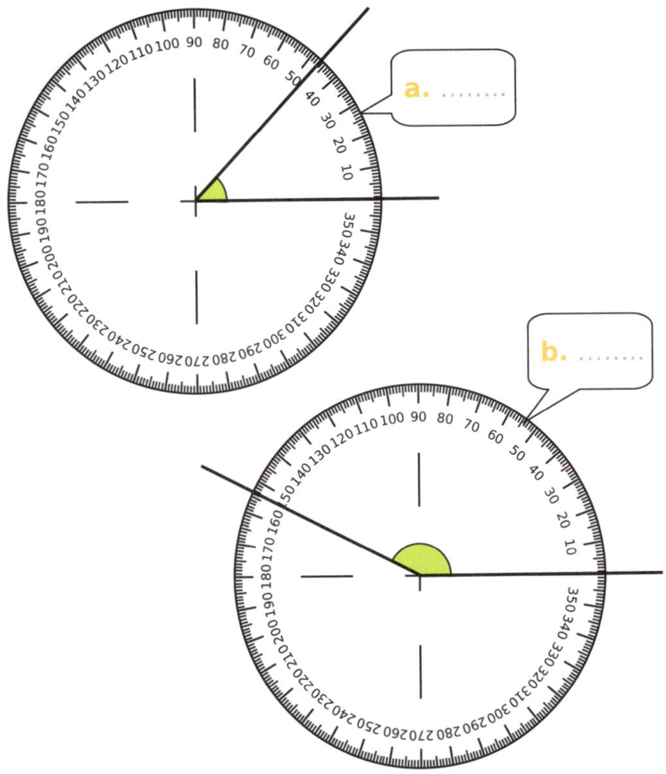

8 Sur les figures ci-dessous, lis la mesure de chaque angle sur le rapporteur, puis écris-la dans la bulle.

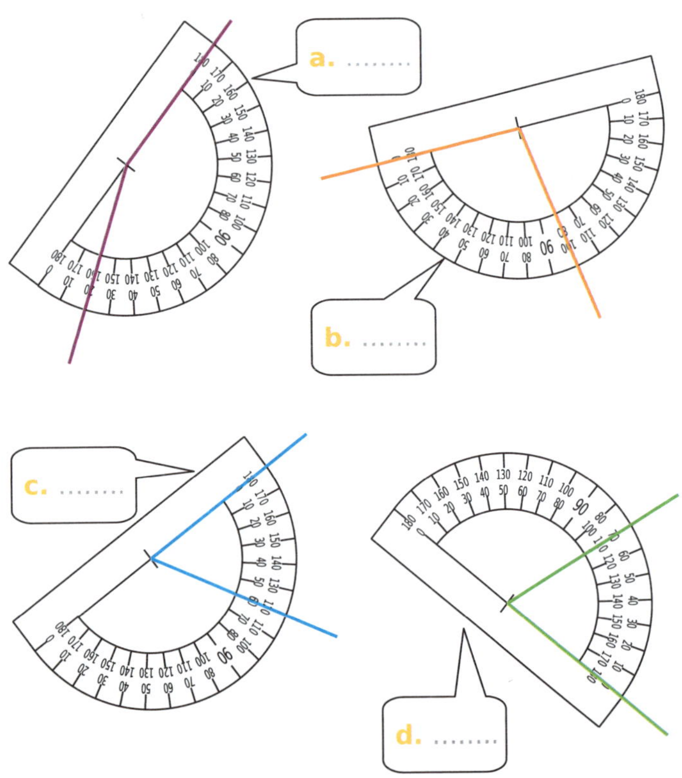

9 Sur les figures ci-dessous, lis la mesure de chaque angle sur le rapporteur, puis écris-la dans la bulle.

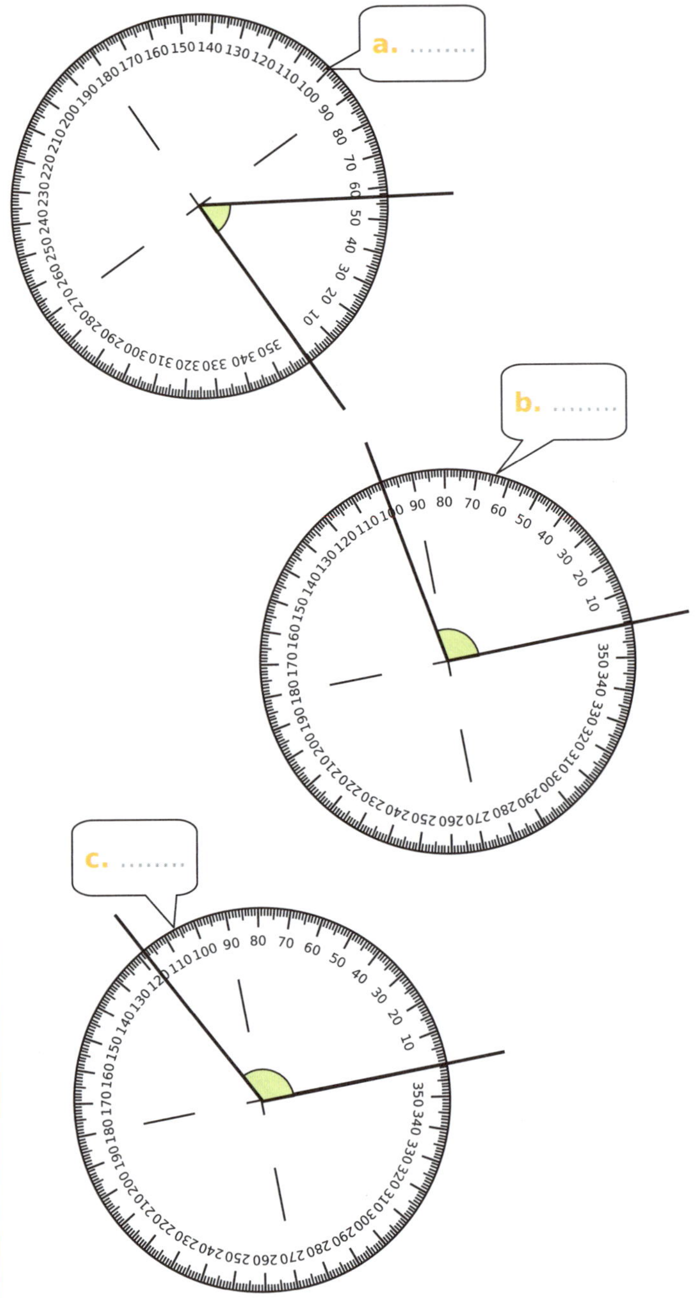

10 Dans chaque cas, construis la demi-droite [Oy) telle que l'angle $\widehat{xOy}$ ait la mesure indiquée.

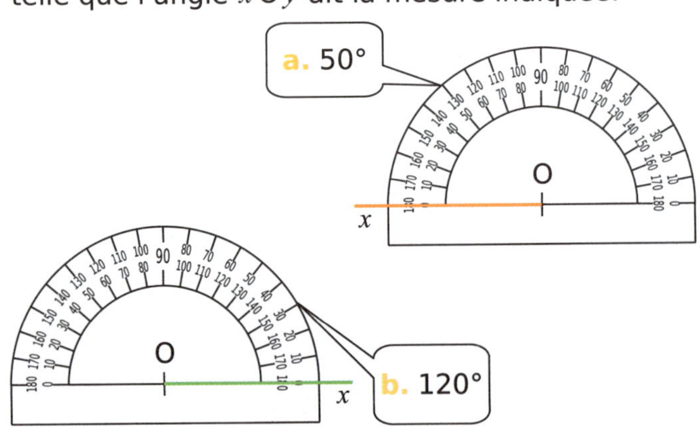

Mesurer un angle

11 Dans chaque cas, construis la demi-droite [Oy) telle que l'angle $\widehat{xOy}$ ait la mesure indiquée.

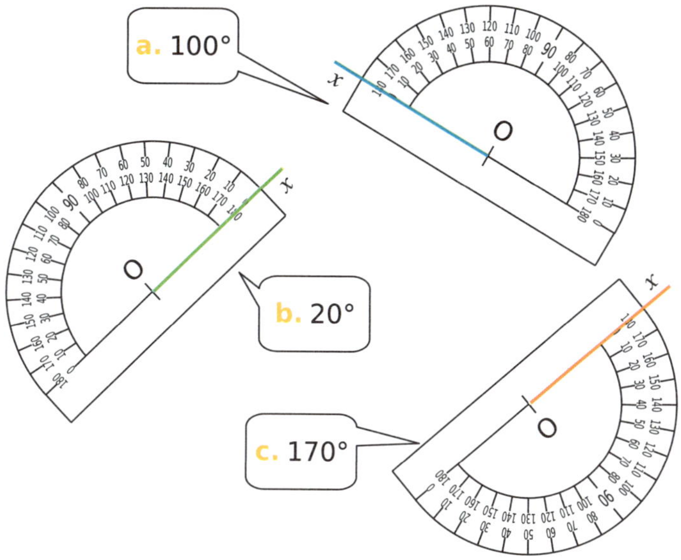

12 Dans chaque cas, construis la demi-droite [Oy) telle que l'angle $\widehat{xOy}$ ait la mesure indiquée.

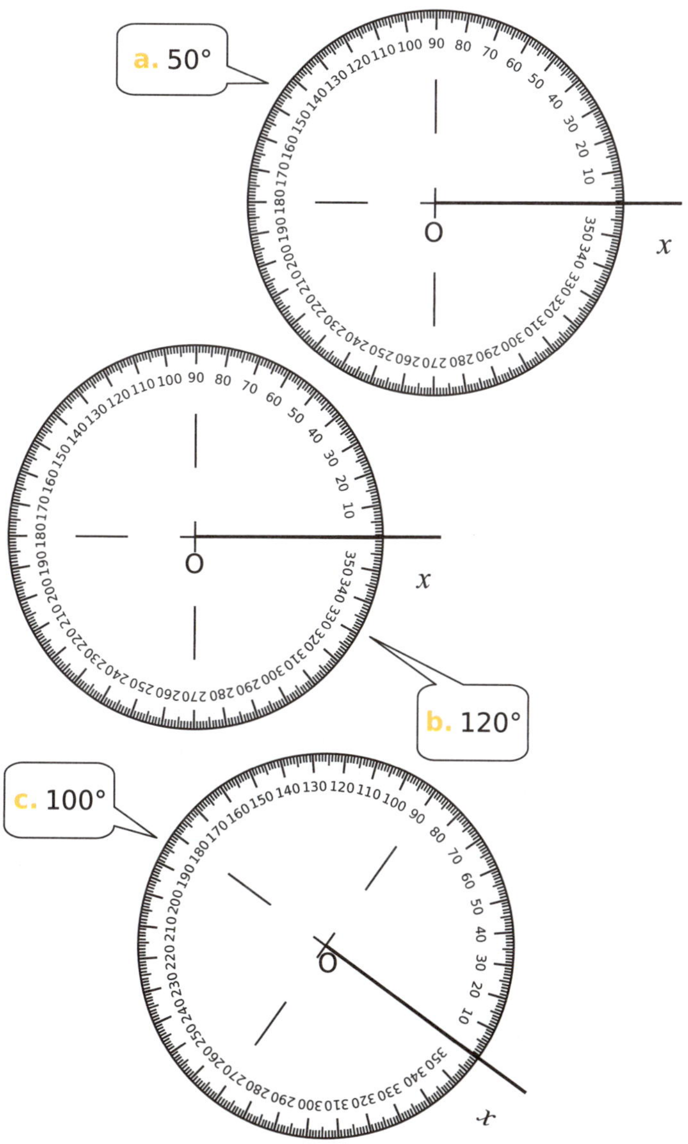

13 À l'aide de ton rapporteur, mesure les angles suivants et écris tes réponses dans les bulles.

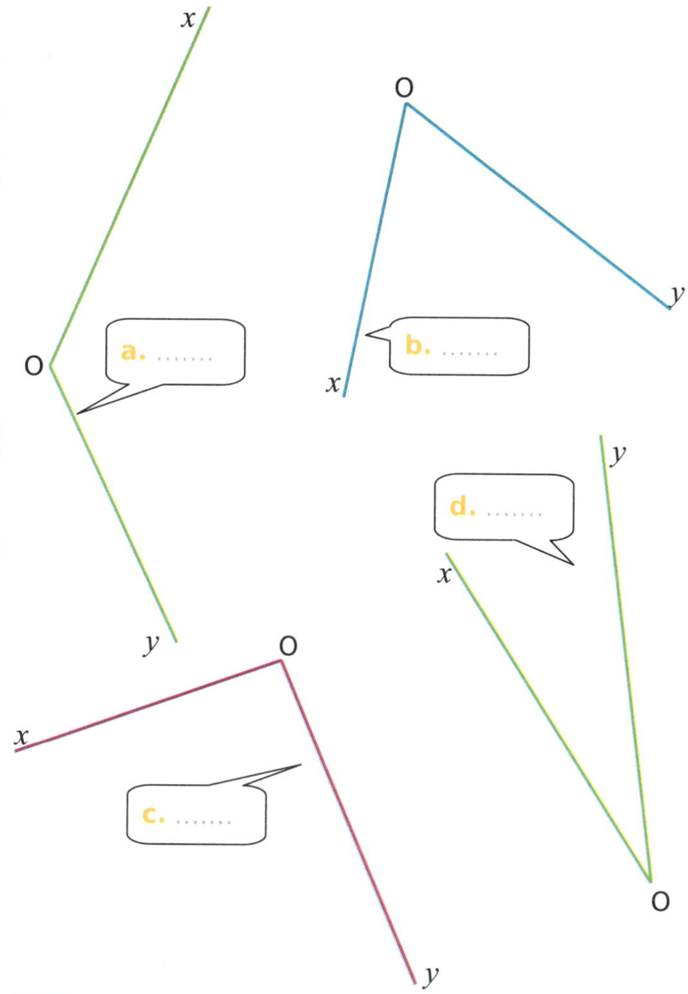

14 À l'aide de ton rapporteur, construis, pour chaque cas, une demi-droite [Oy) telle que l'angle $\widehat{xOy}$ ait la mesure indiquée.

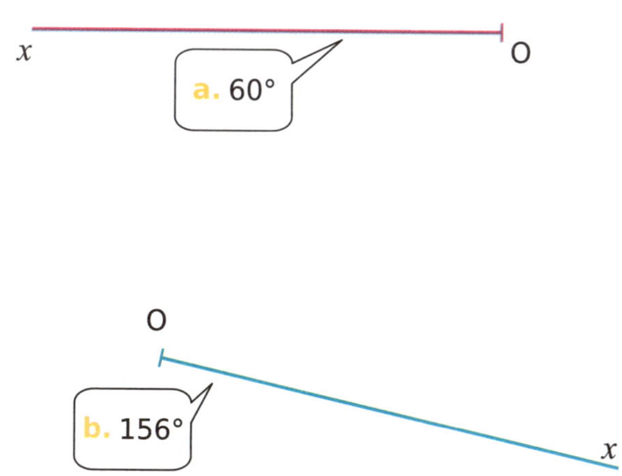

15 La carte au trésor

Le départ est en A. Il faudra suivre les indications du tableau suivant pour localiser l'emplacement du trésor.

Une fois les points placés, trace la médiatrice de [EF] et la médiatrice de [FH] : leur intersection est l'emplacement du TRÉSOR !

Pour t'aider à le comprendre, on a commencé à tracer le trajet (les points B et C). À toi de terminer !

Pour arriver à	B	C	D	E	F	G	H
Cap	**80°**	**150°**	110°	160°	70°	53°	165°
Direction	**Ouest**	**Est**	Ouest	Est	Est	Est	Ouest
Distance	**3,2 cm**	**2,3 cm**	5 cm	4 cm	7 cm	4 cm	5,3 cm

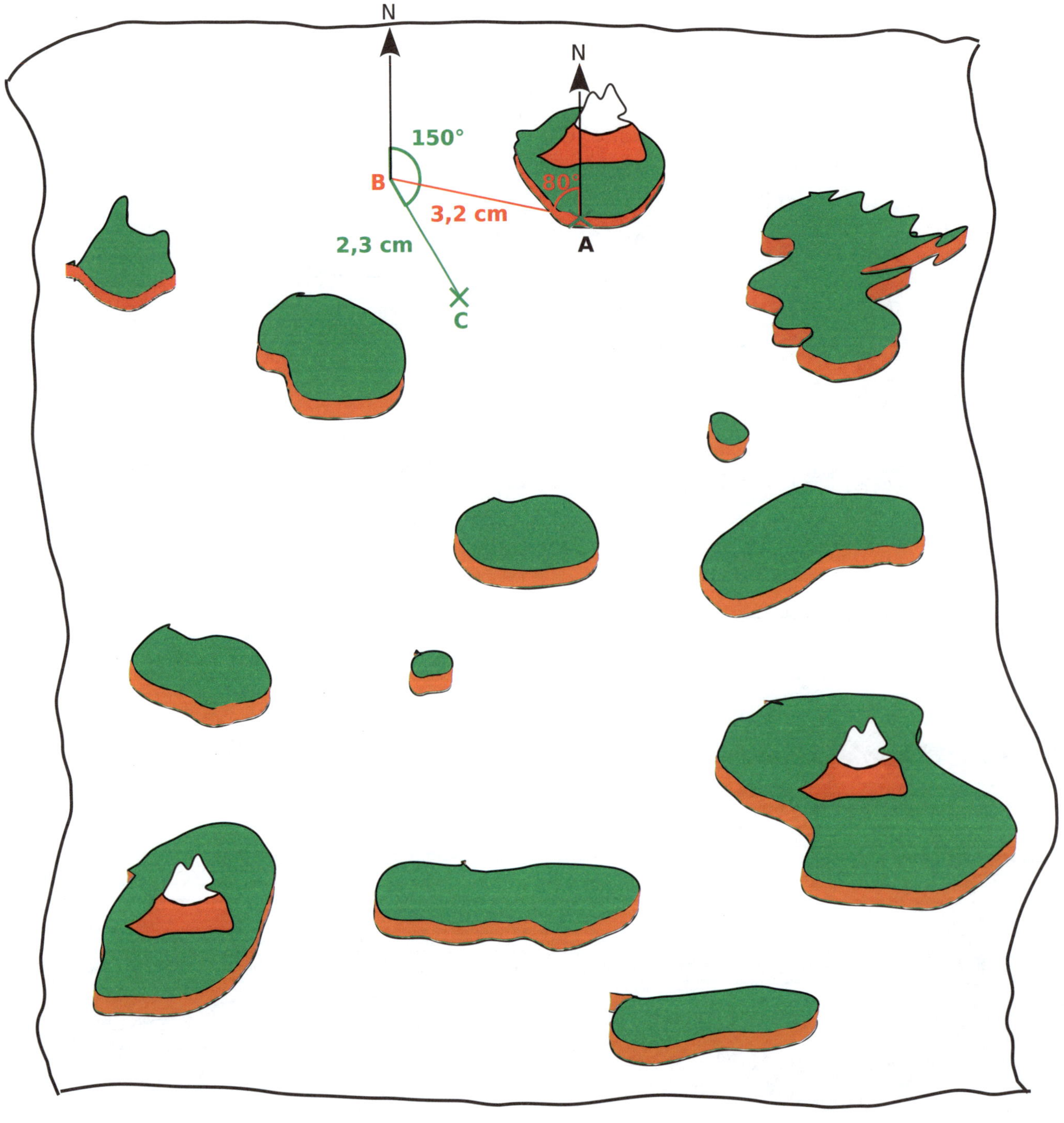

Calculer des mesures d'angles

1 Petits calculs

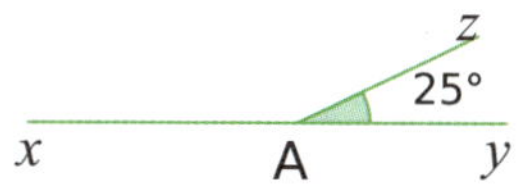

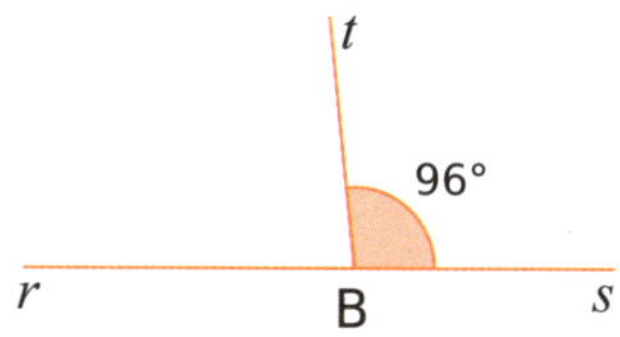

a. Calcule la mesure de l'angle $\widehat{xAz}$, sachant que A appartient à (xy). Justifie en écrivant l'opération utilisée.

b. Quelle est la mesure de l'angle $\widehat{rBt}$, sachant que B appartient à (rs) ? Justifie en écrivant l'opération utilisée.

2

Calcule et justifie en écrivant l'opération utilisée, sachant que $\widehat{mCq}$ est un angle plat :

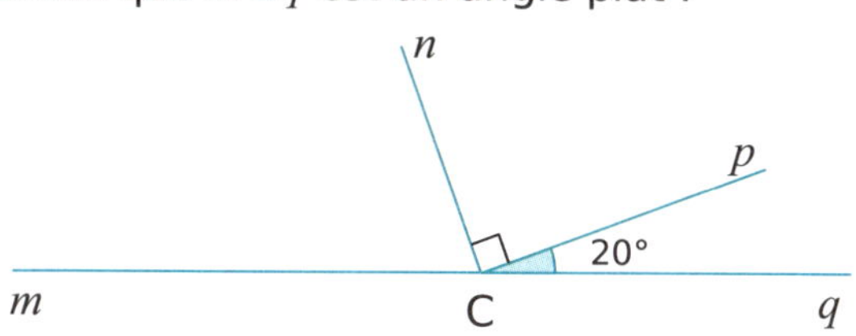

a. la mesure de l'angle $\widehat{qCn}$.

b. la mesure de l'angle $\widehat{mCn}$.

c. la mesure de l'angle $\widehat{mCp}$.

3

Justifie chacune de tes réponses (attention, les figures sont volontairement fausses).

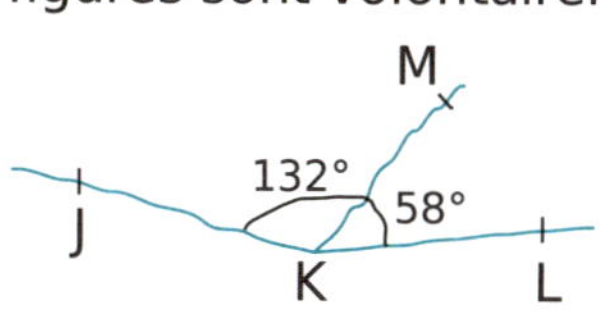

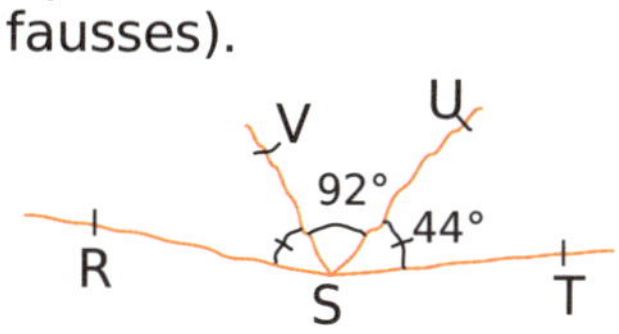

a. Les points J, K et L sont-ils alignés ?

b. Les points R, S et T sont-ils alignés ?

4

Calcule, en justifiant, la mesure de l'angle $\widehat{yDk}$.

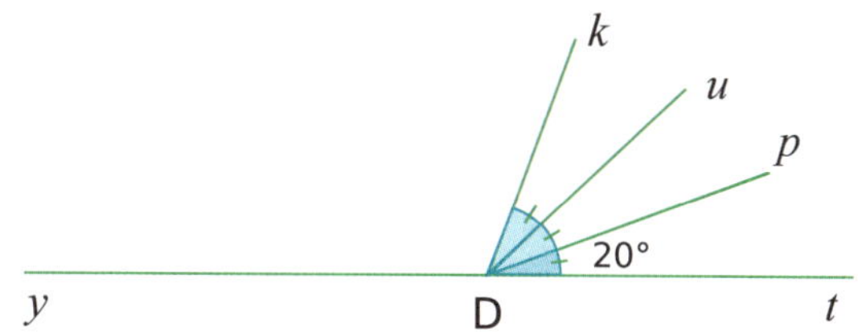

5

Dans la figure ci-dessous, ABC est un triangle rectangle en A, et (AC) est l'axe de symétrie de l'angle $\widehat{fAg}$.

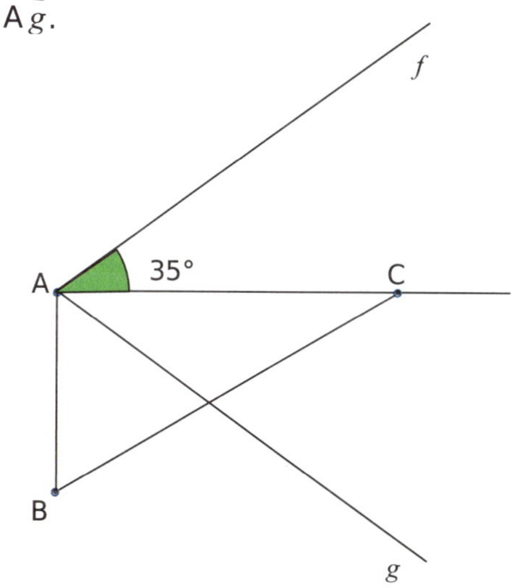

a. Code la figure.

b. Calcule, en justifiant, la mesure des angles $\widehat{fAg}$, $\widehat{BAg}$ et $\widehat{fAB}$.

Calculer des mesures d'angles

6 Le quadrilatère MNOP est un carré et les triangles POY et NOZ sont équilatéraux.

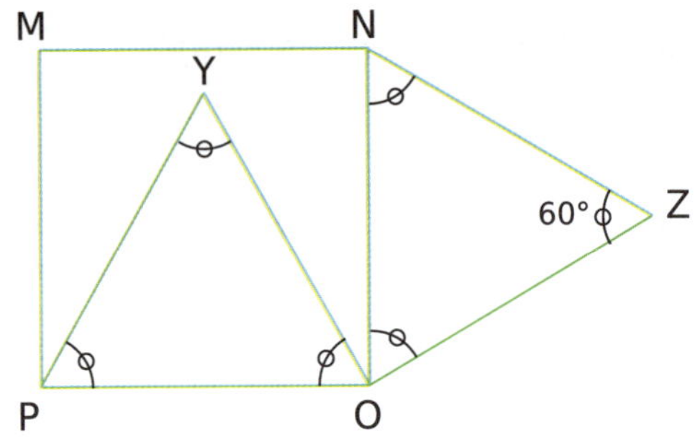

a. Quelle est la mesure de l'angle $\widehat{MNZ}$? Justifie.

....

....

....

....

b. Quelle est la mesure de l'angle $\widehat{YON}$? Justifie.

....

....

....

....

c. Quelle est la mesure de l'angle $\widehat{YOZ}$? Justifie.

....

....

....

....

d. Quelle est la nature du triangle YOZ ? Justifie.

....

....

....

....

....

e. Comment semblent-être les points M, Y et Z ? (On ne te demande aucune justification.)

....

....

....

....

....

7

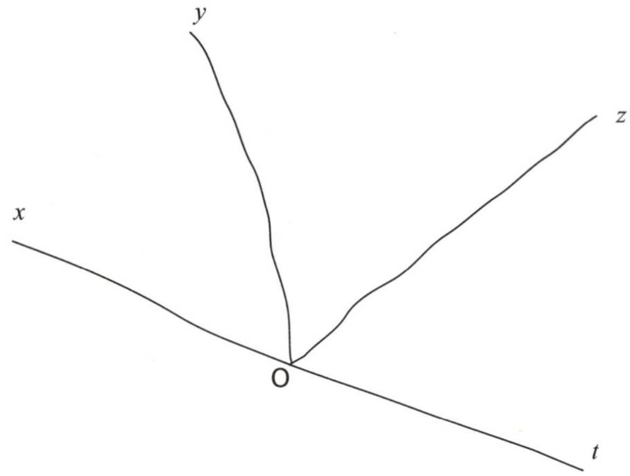

a. Avec les instruments de géométrie, reproduis soigneusement la figure ci-dessus faite à main levée, sachant que $\widehat{xOy} = 50°$, $\widehat{yOz} = 60°$ et $\widehat{zOt} = 70°$.

b. Que remarque-t-on ?
Pouvait-on le prévoir ?

....

....

....

....

c. Trace la perpendiculaire à (xt) passant par O. Place un point A sur cette perpendiculaire, du même côté que $[Oy)$.
Quelle est la mesure de l'angle $\widehat{xOA}$?

....

....

Nommer, coder, décomposer

G4

Vocabulaire

1 Vocabulaire des quadrilatères quelconques

En observant les figures ci-dessous, complète les phrases en utilisant les mots proposés.

côtés | diagonales | consécutifs | opposés | sommets

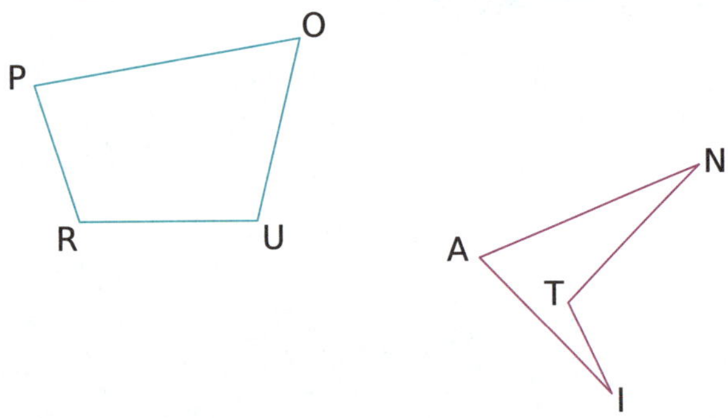

• Dans le quadrilatère POUR, [PO] et [PR] sont deux

....

• Dans le quadrilatère POUR, [PR] et [OU] sont deux

....

• Dans le quadrilatère POUR, P et O sont deux

....

• Dans le quadrilatère POUR, [PU] et [RO] sont des

....

• Dans le quadrilatère ANTI, [AT] et [NI] sont des

....

• Dans le quadrilatère ANTI, A et T sont deux

....

• Dans le quadrilatère ANTI, [AN] et [NT] sont des

....

• Dans le quadrilatère ANTI, [AN] et [TI] sont des

....

2 Des polygones

Relie chaque nom de figure à son nombre de côtés, puis à sa représentation

Nom	Nombre de côtés	Représentation
Octogone •	• 3 •	• 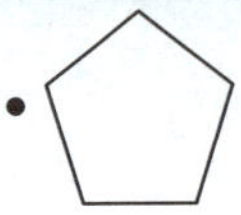
Hexagone •	• 4 •	• 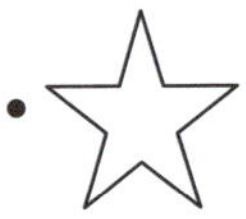
Dodécagone •	• 5 •	• 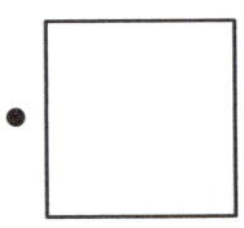
Quadrilatère •	• 6 •	• 
Pentagone •	• 8 •	• 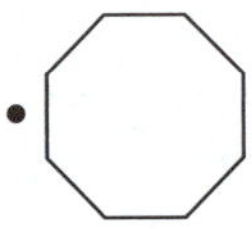
Décagone •	• 10 •	• 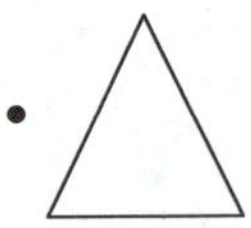
Triangle •	• 12 •	• 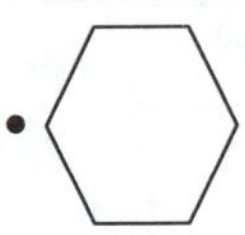

3 Des angles à nommer

Utilise les figures pour compléter le tableau.

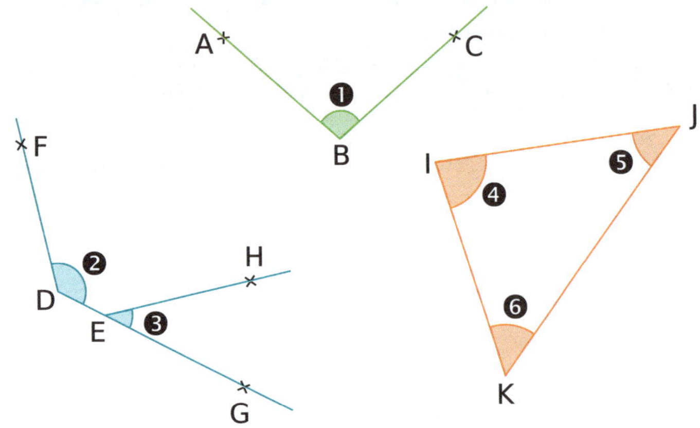

Angle	Nom	Sommet	Côtés
❶			
❷			
❸			
❹			
❺			
❻			

4 Des angles à identifier

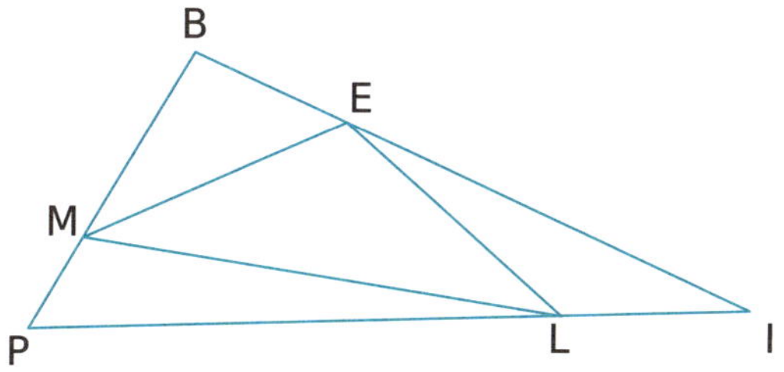

Nommer les angles tracés :

a. de sommet E :

....

b. dont un côté est [LE) :

....

c. dont les côtés sont [IE) et [IP) :

....

d. qui ont un côté commun avec l'angle $\widehat{EML}$.

....

5 Cercle

a. Observe la figure puis complète les phrases.

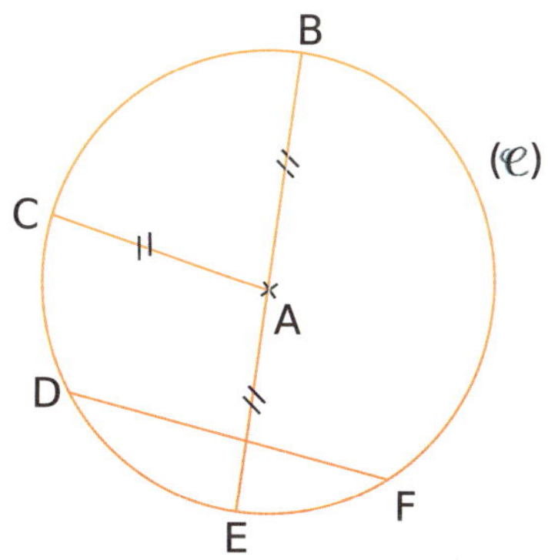

- Le cercle ($\mathscr{C}$) de .... A passe par les points ...., ..., ..., ... et ....
- Le segment .... est un diamètre de ce cercle.
- Le segment .... est un rayon de ce cercle.
- Le segment [DF] est .... de cercle.
- A est le .... du segment ....

b. En utilisant les lettres de la figure, cite deux autres cordes du cercle.

....

....

6 Trace :

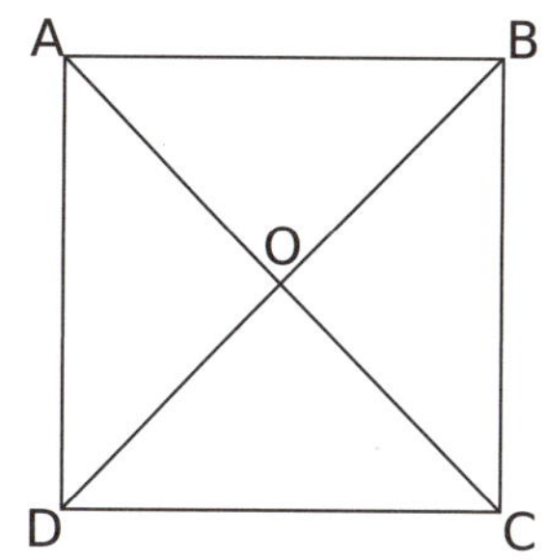

a. le cercle ($\mathscr{C}_1$) de centre O passant par A.

b. le cercle ($\mathscr{C}_2$) de centre B et de rayon 1,6 cm.

c. le cercle ($\mathscr{C}_3$) de centre C et de rayon [AO].

d. le cercle ($\mathscr{C}_4$) de diamètre [AD].

7 Sur la figure suivante :

a. Construis un point C à 5 cm de A et B.

b. Construis un point D, distinct de C, à 5 cm de A et B.

c. Trace la droite (CD).

d. Comment s'appelle cette droite ?

....

Série 1 Vocabulaire

8 Règle graduée ou compas

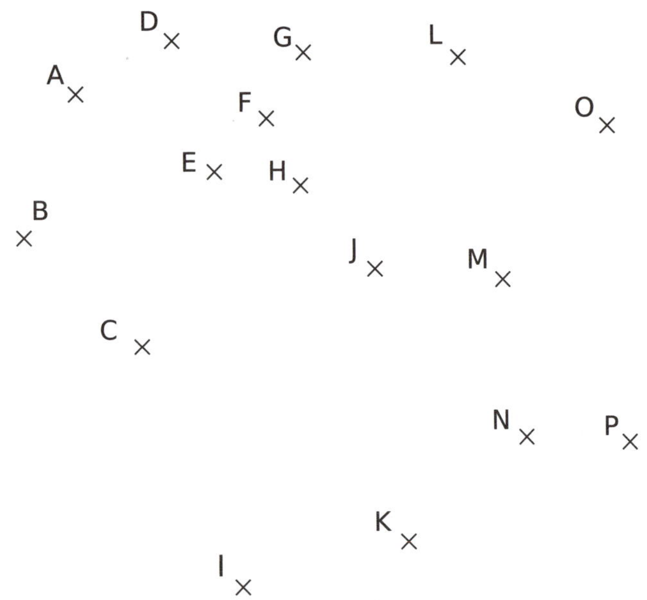

a. Complète les phrases ci-dessous en utilisant ta règle graduée ou ton compas.

- Le cercle $(\mathscr{C}_1)$ de centre J passant par G passe également par les points ..... et ..... .
- Le cercle $(\mathscr{C}_2)$ de centre P et de rayon PH passe par les points ....., ... et ..... .
- Les points ....., ... et ..... sont sur le cercle $(\mathscr{C}_3)$ de centre F et de rayon EF.
- Les points A, F et I sont sur le même cercle $(\mathscr{C}_4)$ de centre ..... .
- Quel est le point situé à l'intersection des cercles $(\mathscr{C}_2)$ et $(\mathscr{C}_4)$? ....

b. Complète le tableau.

	$(\mathscr{C}_1)$	$(\mathscr{C}_2)$	$(\mathscr{C}_3)$	$(\mathscr{C}_4)$
Rayon en cm				
Diamètre en cm				

9

Construis ci-dessous un triangle MOT rectangle en O tel que MO = 2,1 cm et MT = 3,6 cm.

10 Points d'intersection

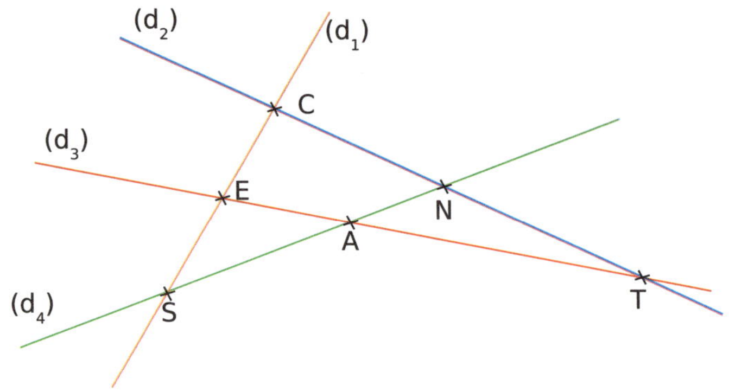

a. Quel est le point d'intersection des droites :

- (d_1) et (d_2) ? ...
- (d_2) et (d_3) ? ...
- (d_3) et (d_4) ? ...

b. Complète chaque phrase.

- N est le point d'intersection des droites ....
- E est le point d'intersection des droites ....
- S est le point d'intersection des droites ....

11 Points d'intersection (bis)

Voici une figure.

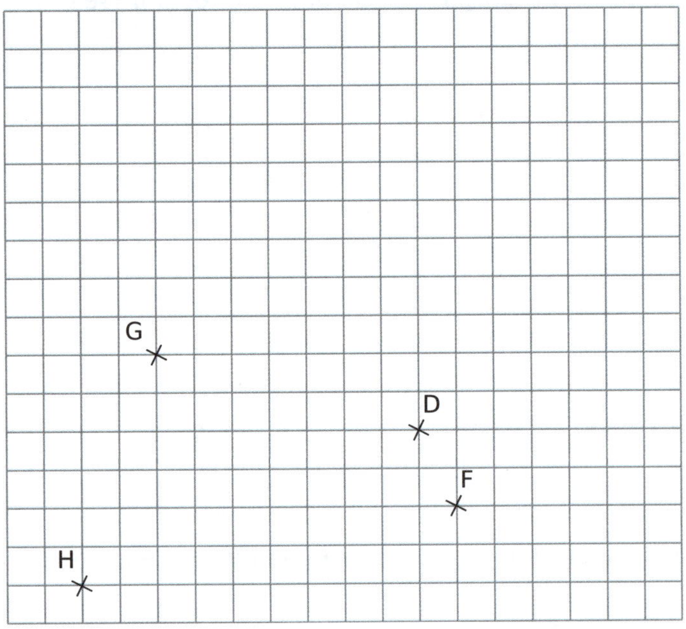

a. E est le point d'intersection des droites (HG) et (DF).
Construis-le.

b. A est le point d'intersection des droites (HD) et (GF).
Construis-le.

c. U est le point d'intersection des droites (GD) et (HF).
Construis-le.

12 Une figure est composée de deux cercles, l'un de centre A et rayon 4 cm et l'autre de centre B et de rayon 5 cm. On a représenté ci-dessous un schéma qui n'est pas à l'échelle.

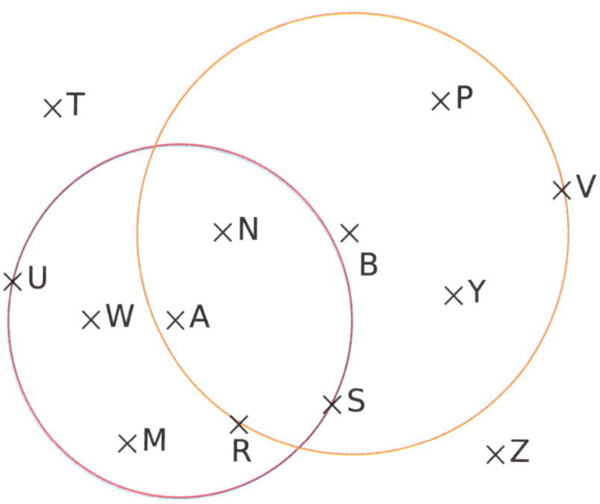

a. Classe les points dans le tableau ci-dessous.

Distance par rapport à A inférieure à 4 cm	Distance par rapport à A supérieure à 4 cm

b. Cite tous les points situés :

• à moins de 4 cm de A et à plus de 5 cm de B.

....

• à plus de 4 cm de A et à moins de 5 cm de B.

....

• à plus de 4 cm de A et à plus de 5 cm de B.

....

• à moins de 4 cm de A et à moins de 5 cm de B.

....

c. Colorie en bleu les points qui sont situés à la fois à moins de 4 cm de A et à plus de 5 cm de B.

d. Colorie en vert les points qui sont situés à la fois à moins de 4 cm de A et à moins de 5 cm de B.

e. Colorie en rouge les points qui sont situés à la fois à plus de 4 cm de A et à moins de 5 cm de B.

f. Cite tous les points qui appartiennent :

• au cercle violet : ....

• au cercle orange : ....

• au disque violet : ....

• au disque orange : ....

13 **Droites, demi-droites, segments**

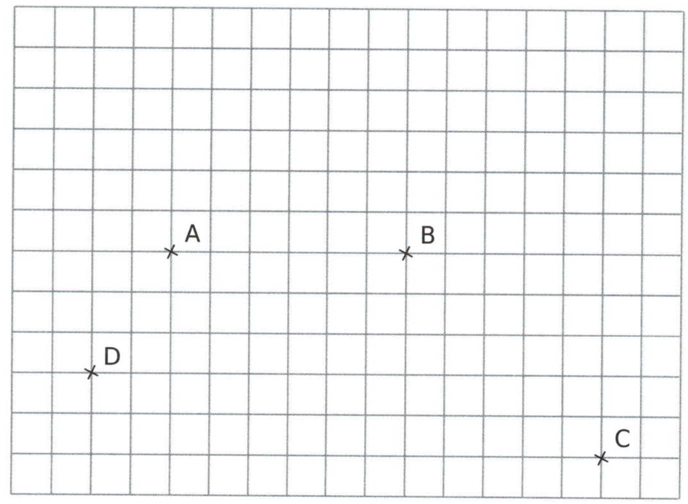

a. Trace en bleu le segment [AB].

b. Trace en vert le segment [DC].

c. Trace en rouge la droite (AC).

d. Trace en noir la demi-droite [DB).

14 **Droites, demi-droites, segments (bis)**

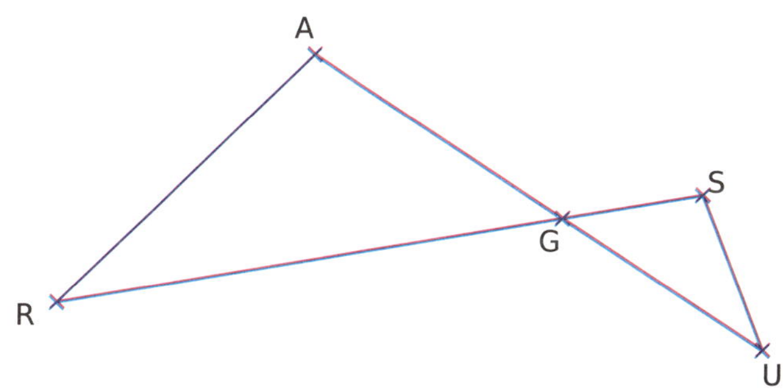

a. Après avoir observé la figure, recopie et complète les pointillés avec $\in$ ou $\notin$.

• G ..... [AU]   • A ..... [GU]   • S ..... [RG]

• G ..... (AU)   • U ..... (AG)   • S ..... (RG)

b. Quels sont les points alignés ?
Fais deux phrases.

....

....

....

....

....

c. Comment peux-tu définir le point G ?

....

....

Coder

1 Observe attentivement la figure puis écris toutes les égalités d'angles codées.

a. $\widehat{pCn}$ = ...

b. .... = ...

c. .... = ... = ...

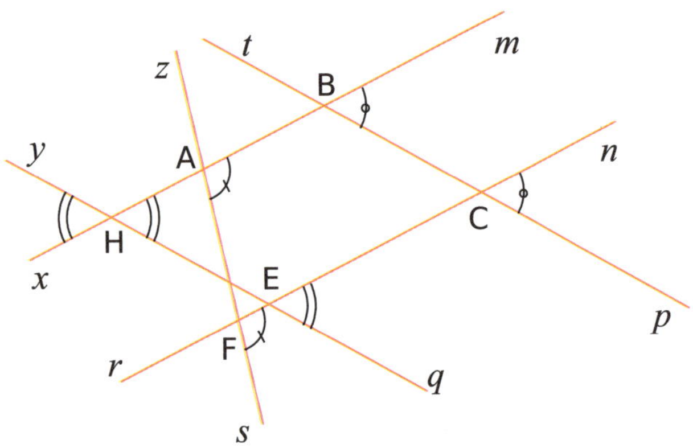

2 Sur cette figure,

a. Code les égalités d'angles.

- $\widehat{FEA} = \widehat{EFA} = \widehat{EAF}$
- $\widehat{MAE} = \widehat{MEA}$

b. Que dire des angles $\widehat{FEM}$ et $\widehat{FAM}$?

Pourquoi ?

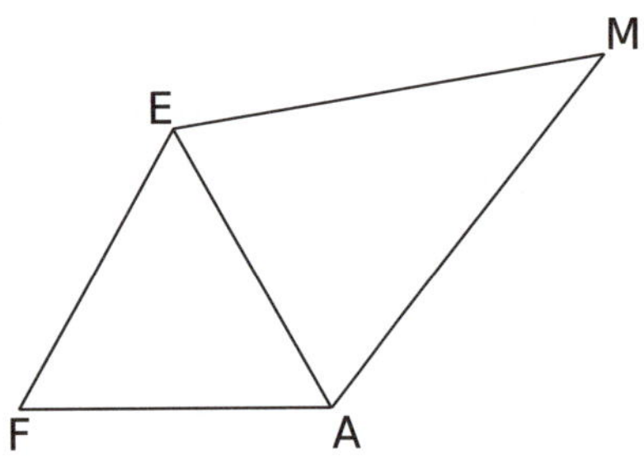

....

....

....

3 Sur la figure suivante :

a. Construis un point C, à 4 cm de A et B.

b. Construis un point D, distinct de C, à 4 cm de A et B.

c. Trace la droite (CD).

d. Comment s'appelle cette droite ?

....

....

e. Code les distances égales et les angles droits.

f. Comment s'appelle le quadrilatère ACBD ?

....

4 Voici trois quadrilatères.

a. Losange

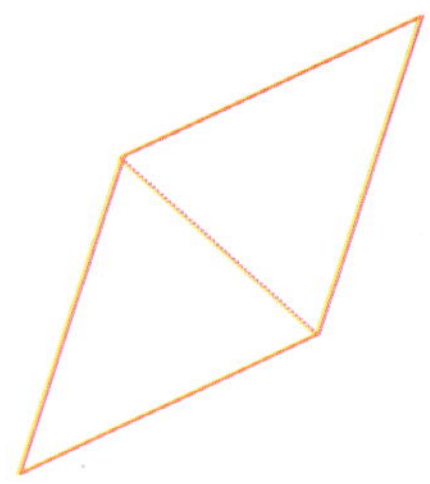

b. Rectangle

c. Carré

Code chacune de ces figures en faisant apparaître les longueurs égales et des angles droits. Sur la figure a., fais aussi apparaître deux paires d'angles égaux.

5 **Figures complexes**

En t'aidant des informations suivantes, code la figure ci-dessous.

a. AEM et MSD sont des triangles rectangles.

b. EMD est un triangle équilatéral.

c. ETD et MDS sont des triangles isocèles.

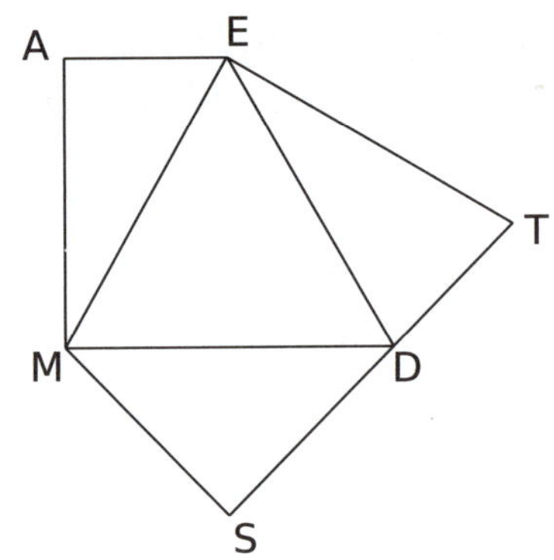

6 Code la figure à partir des informations de l'énoncé puis donne la nature du triangle en justifiant la réponse.

ABC est tel que $\widehat{BAC} = 40°$ et $\widehat{ABC} = 40°$.

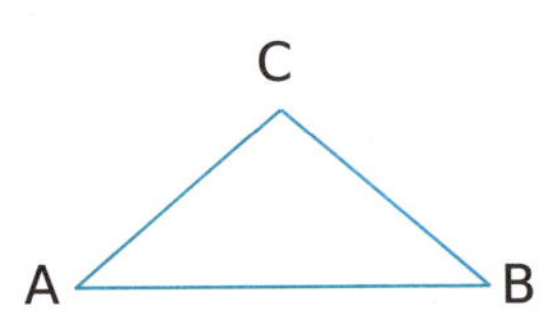

ABC est un triangle ....

car ....

....

....

....

7 Code la figure à partir des informations de l'énoncé, puis donne la nature du triangle en justifiant la réponse.
DEF est tel que les angles $\widehat{EDF}$ et mesurent 60° et $\widehat{EDF} = \widehat{EFD}$.

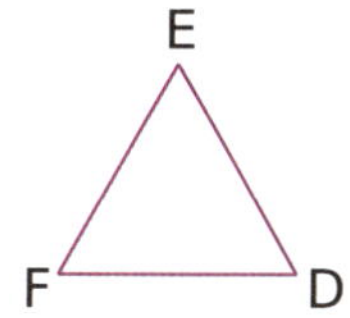

DEF est un triangle ....

car ....

....

8 Classe les triangles suivants dans le tableau.

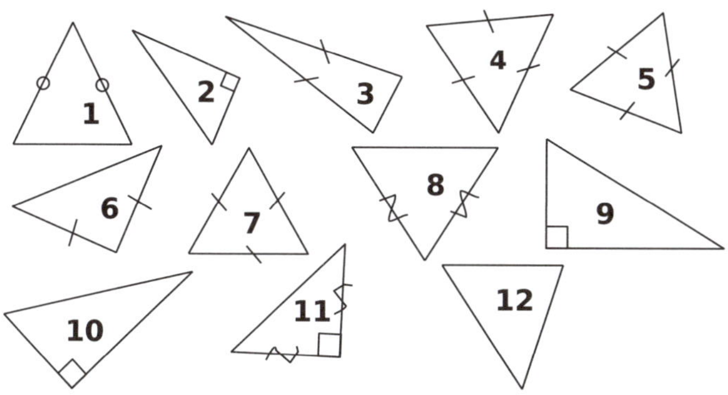

Quelconque	Isocèle	Rectangle	Équilatéral

9 **Rectangle**

a. Donne la longueur du segment [BC]. Justifie ta réponse.

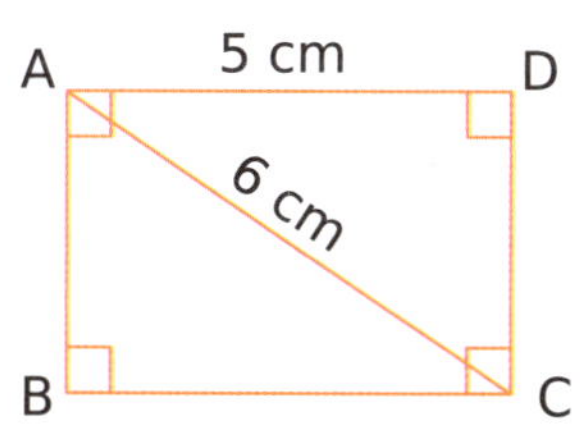

....

....

....

b. Donne la longueur du segment [BD]. Justifie.

....

....

....

c. Les diagonales de ce rectangle se coupent en O. Quelle est la longueur du segment [AO] ? Justifie.

....

....

10 Le quadrilatère ABCD est un rectangle et les triangles DEF et FGC sont équilatéraux.

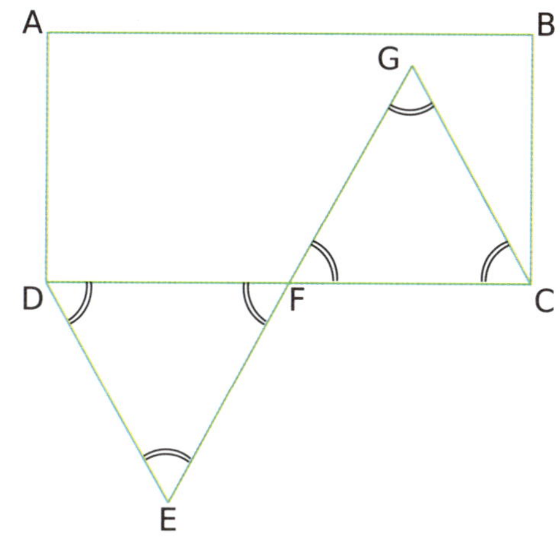

a. Quelle est la mesure de l'angle $\widehat{ADE}$? Justifie.

....

....

b. Quelle est la mesure de l'angle $\widehat{GCB}$? Justifie.

....

....

c. Quelle est la mesure de l'angle $\widehat{GFD}$? Justifie.

....

....

d. Comment semblent être les points G, F et E ? Justifie.

....

11 Indique si chaque affirmation est vraie ou fausse. Quand la phrase est fausse, trace une figure à main levée qui en donne un contre-exemple.

a. Je suis un quadrilatère qui a des diagonales perpendiculaires et qui se coupent en leur milieu, donc je suis forcément un losange.	
b. Je suis un quadrilatère qui a des diagonales de même longueur, donc je suis forcément un rectangle.	
c. Je suis un quadrilatère qui a des diagonales perpendiculaires et qui se coupent en leur milieu, donc je suis forcément un carré.	

Série 3 Assembler et décomposer

1 Un losange et des triangles particuliers

Voici un losange.

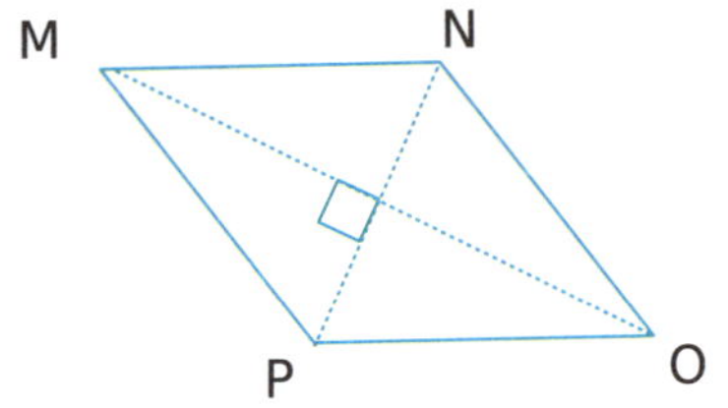

a. Cite deux triangles isocèles dont le sommet principal est le sommet d'un angle aigu, et dont la réunion forme le losange en entier :

.... et ....

b. Cite deux triangles isocèles dont le sommet principal est le sommet d'un angle obtus, et dont la réunion forme le losange en entier :

.... et ....

c. On appelle I l'intersection des deux diagonales. Cite quatre triangles rectangles dont la réunion forme le losange en entier :

.... , ... , ... et ....

d. Complète : Si ces quatre triangles rectangles sont aussi isocèles, alors ce losange est aussi un

....

2 De quelles figures simples est composée cette figure géométrique ?

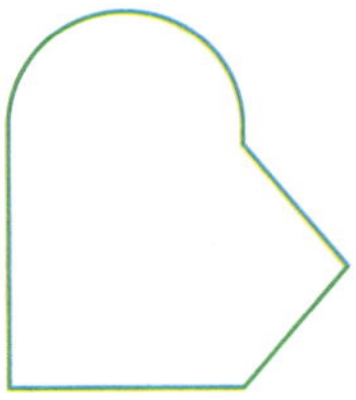

....

....

....

3 Tangram

Le tangram est un jeu d'origine chinoise, datant probablement du XIXe siècle.

a. Combien y a-t-il de triangles ? ....

b. La figure rose est un ....

c. La figure jaune est un ....

d. Recopie les pièces du tangram sur une feuille blanche, et découpe chaque pièce. Rassemble ensuite toutes les pièces du puzzle pour construire les figures ci-dessous (qui ne sont pas en vraie grandeur).

Figure 1

Figure 2

Figure 3

Figure 4

4 En Irlande, l'île Devenish est connue pour ses tours rondes, dont voici une photographie.

a. Cite deux solides connus dont cette tour est constituée :

....

....

b. Dessine à main levée un schéma dans le plan (une coupe) de cette tour en utilisant deux figures planes bien connues.

Source : Henry Clark : Round Tower, Devenish Island – Wikipedia.

Construire, reproduire, rédiger

G5

1 Milieux, perpendiculaires et symétrie

a. Suis les instructions pour construire ci-dessous la figure.

- Trace un segment [KL] de longueur 7 cm.
- Place le point M sur [KL] tel que LM = 2 cm.
- Place le point I, milieu du segment [ML].
- Place le point J, milieu du segment [MK].
- Trace la droite (d), passant par M et perpendiculaire à (KL).
- Trace le symétrique I′ de I par rapport à (d) et le symétrique J′ de J par rapport à (d).

b. Calcule, en justifiant, la longueur du segment [I'J'].

....

....

....

....

2 Médiatrice et distance

a. Construis ci-dessous la figure suivante.

- Trace un segment [AB] de longueur 6 cm.
- Trace la médiatrice (d) du segment [AB].
- Place un point M sur (d) à 7 cm de A.

b. Sans mesurer, détermine à quelle distance de B se trouve le point M.

....

c. Justifie ta réponse en utilisant une propriété de la médiatrice d'un segment.

....

....

....

3 Cercles et demi-droites

a. Suis les instructions pour construire ci-dessous la figure.

• Trace un cercle ($\mathscr{C}$) de centre O et de diamètre [LM] tel que LM = 5,8 cm.

• Place un point S sur un demi-cercle ($\mathscr{C}_1$) du cercle ($\mathscr{C}$) tel que MS = 3,4 cm.

• Place un point N sur le même demi-cercle ($\mathscr{C}_1$) tel que LN = 2,4 cm.

• Trace la demi-droite [SO) qui coupe le cercle ($\mathscr{C}$) en K, distinct de S.

• Trace la demi-droite [NO) qui coupe le cercle ($\mathscr{C}$) en U, distinct de N.

b. Que peux-tu dire des droites (NS) et (UK) ?
Justifie.

....

....

....

....

4 Segments et cercles

Suis le programme de construction pour construire ci-dessous la figure.

• Trace un segment [ST] de longueur 9 cm.

• Trace le cercle de centre T et de rayon 4 cm.

• Trace le cercle de diamètre [ST].

• Les deux cercles se coupent en A et B.

Sans mesurer, donne la longueur des segments [TA] et [TB] :

....

• Construis tous les points situés à 3 cm de S.

Reproduire

1 Un élève de 6e a tracé un triangle ABC sur sa feuille, mais a coupé maladroitement une partie de ce triangle.

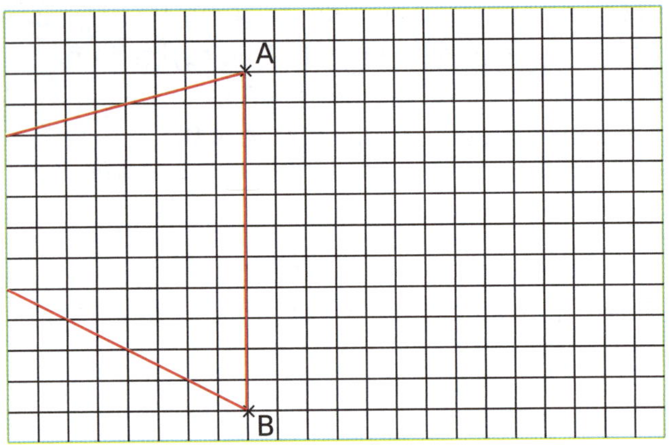

a. Reproduis ci-dessous le morceau de la figure de cet élève.

b. Propose une méthode pour aider cet élève à construire le symétrique du triangle ABC par rapport à (AB) sans sortir du quadrillage.

....

....

....

....

....

....

....

2 Reproduis la figure ci-dessous (qui n'est pas construite en vraie grandeur), avec BC = 3,5 cm et BF = 6 cm.

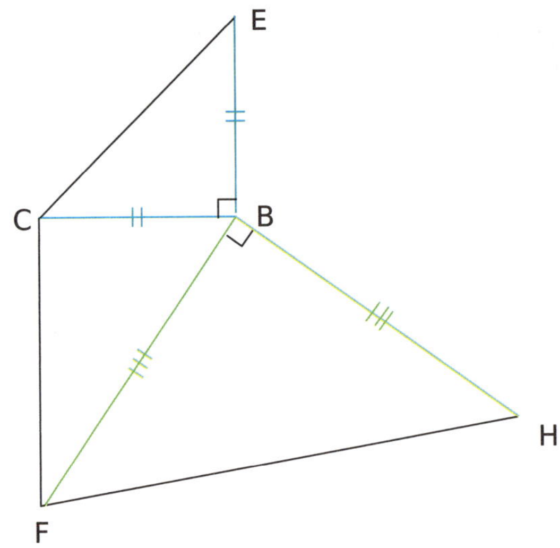

3 La figure ci-dessous n'est pas construite en vraie grandeur.

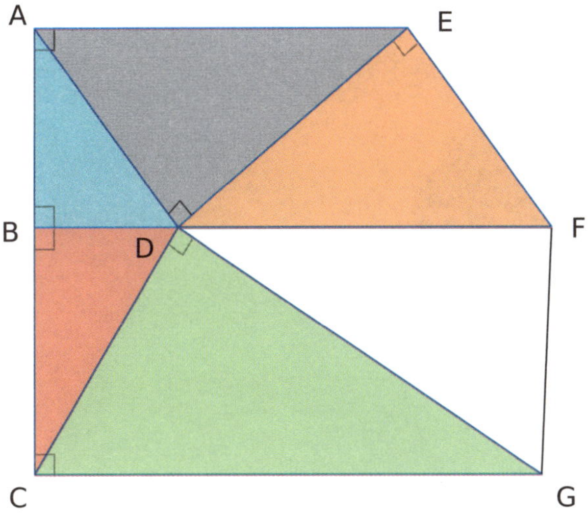

a. Reproduis-la, tel que AB = 1,5 cm, BC = 1,8 cm et BD = 1 cm.

b. Que peut-on dire des droites (AE), (BF) et (CG) ? Justifie.

....

....

....

....

....

....

....

4 Reproduis la figure ci-dessous en vraie grandeur, sachant que l'unité utilisée est le centimètre. Si la figure était parfaite, alors on aurait OL = 3 cm.

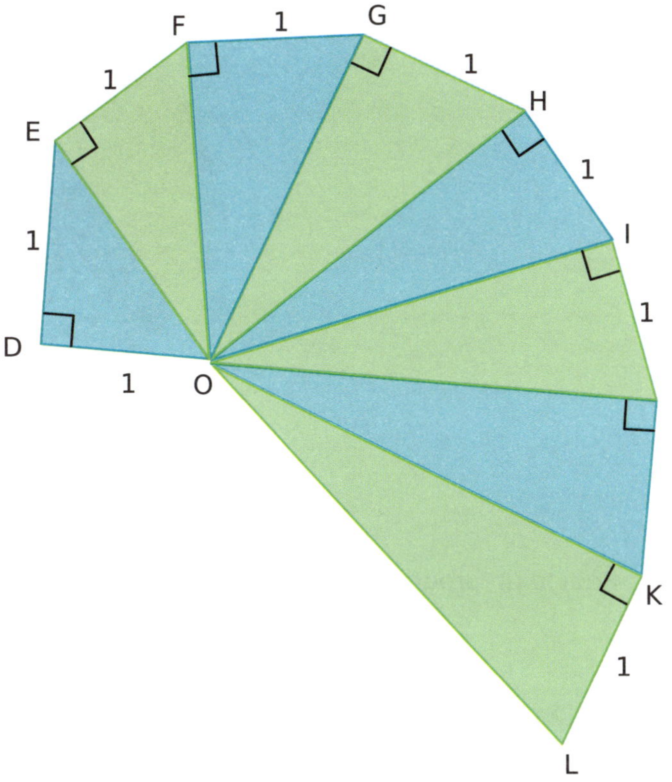

5 Triangle dans un cercle

a. Sur une feuille, reproduis la figure suivante en vraie grandeur, sachant que ABC est un triangle équilatéral, avec AB = 6 cm.

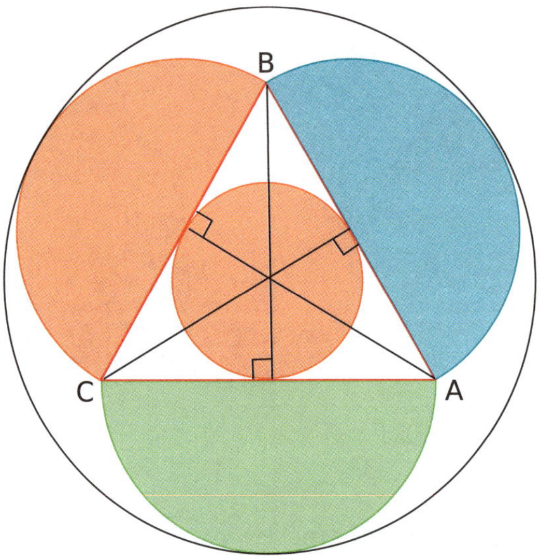

b. Rédige un programme de construction de cette figure.

....

....

6 Rosace

Reproduis sur une feuille la figure 2 en vraie grandeur sachant que OA = 4 cm. Colorie ta figure.

Conseil : pour obtenir la figure 2, il faut passer par la construction de la figure 1.

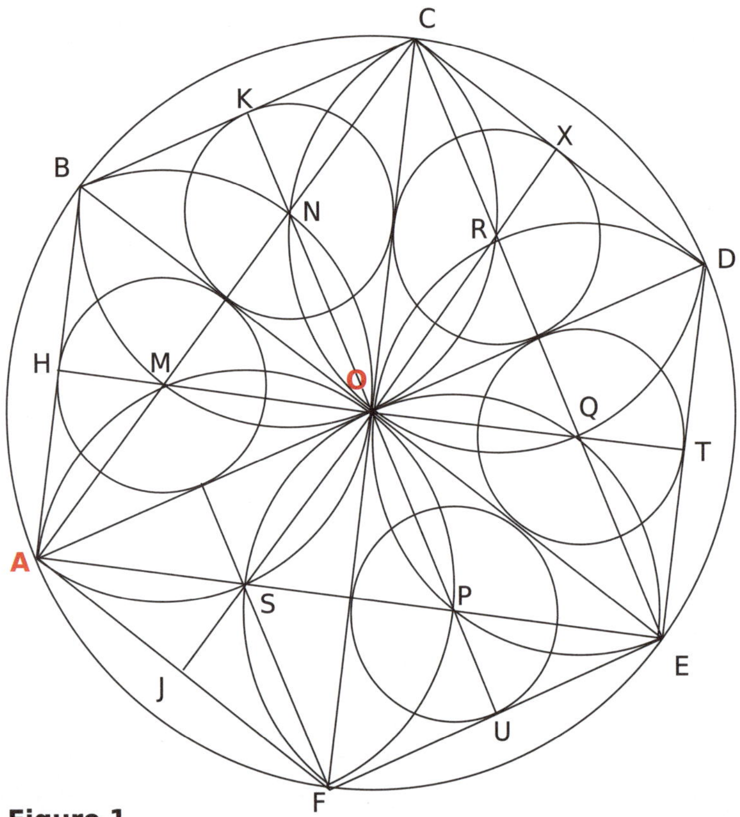

Figure 1

Figure 2

1 Rédige un programme de construction de la figure suivante sachant que AB = 6 cm, en respectant les informations données et les codages. Les droites (d) et (AB) sont parallèles.

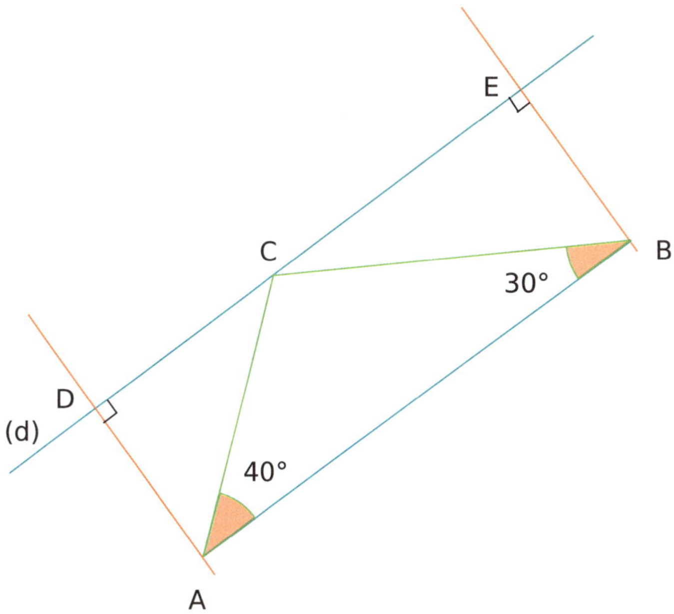

....

....

....

....

....

....

2 À l'aide des mots suivants, rédige un programme de construction de la figure ci-dessous, sachant que CE = 6 cm et AB = 5 cm.

diamètre | segment | médiatrice | longueur | place | point | cercle | trace | milieu

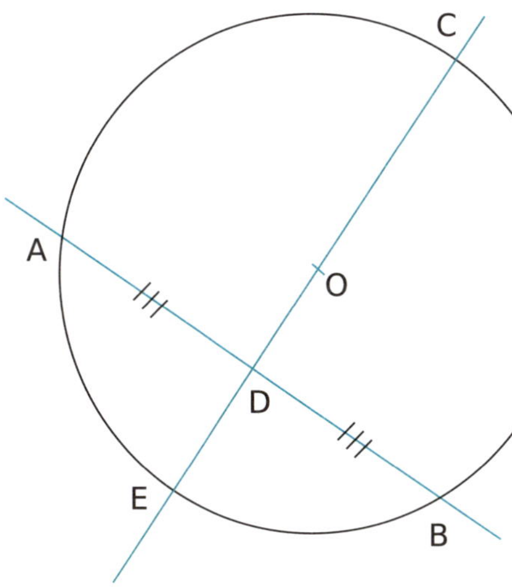

....

....

....

....

....

....

....

....

....

3 Rédige un programme de construction pour la figure suivante, en respectant les informations données et les codages, sachant que les points E, O et D sont alignés, ainsi que les points C, O et H.

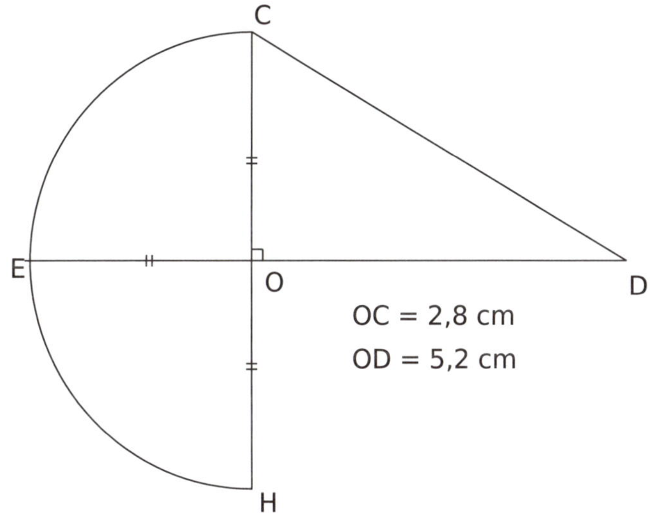

....

....

....

....

....

....

....

....

....

....

....

....

....

4 Symétrie

a. Rédige un programme de construction de la figure ci-dessous, sachant que AB = 4 cm, AG = 5 cm et la droite (d) est un axe de symétrie.

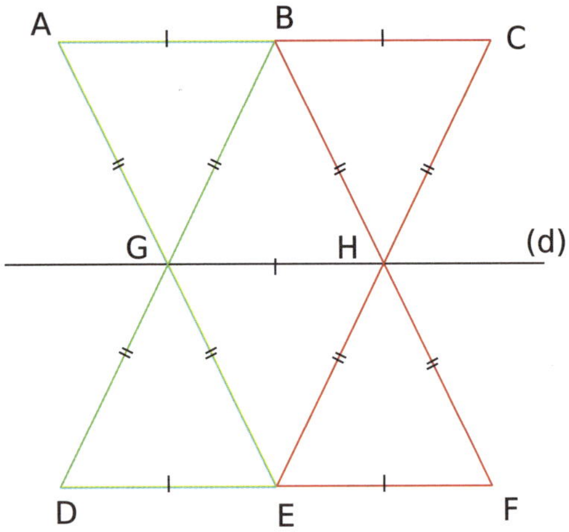

b. Construis ci-dessous la figure en vraie grandeur et colorie-la.

5

Dans chacun des cas suivants, écris une consigne permettant de passer de la figure de gauche à celle de droite.

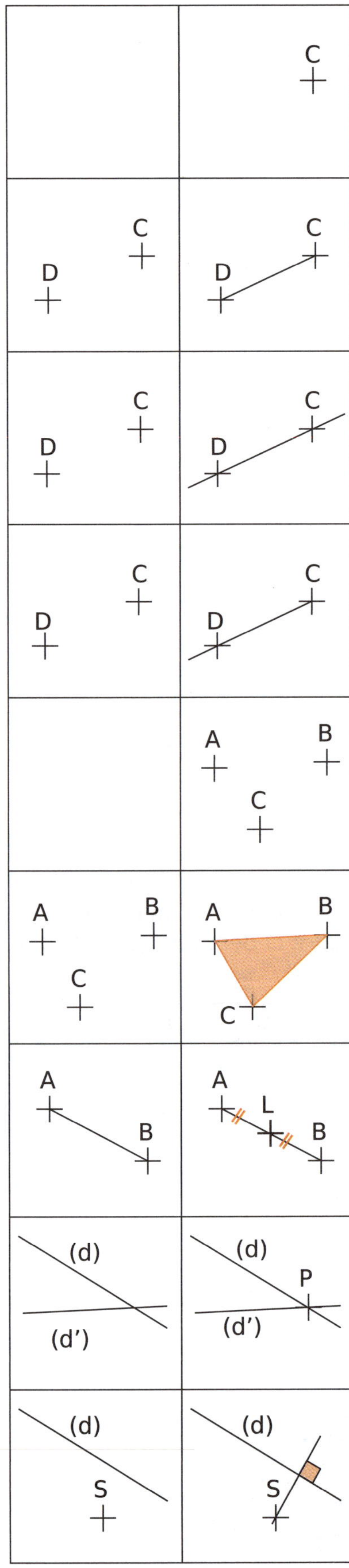

a.

b.

c.

d.

e.

f.

g.

h.

i.

Symétrie axiale

G6

Reconnaissance et axes

1 Symétrique d'un point

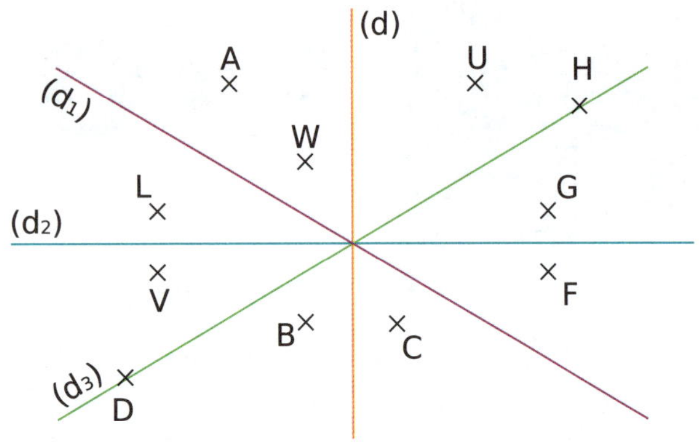

À l'œil nu, le symétrique du point :

a. G par rapport à la droite (d) semble être ....

b. A par rapport à la droite (d_1) semble être ....

c. L par rapport à la droite (d_2) semble être ....

d. U par rapport à la droite (d) semble être ....

e. H par rapport à la droite (d_3) semble être ....

f. W par rapport à la droite (d_3) semble être ....

2 Pour chaque figure, trace l'axe (ou les axes) de symétrie en t'aidant du quadrillage.

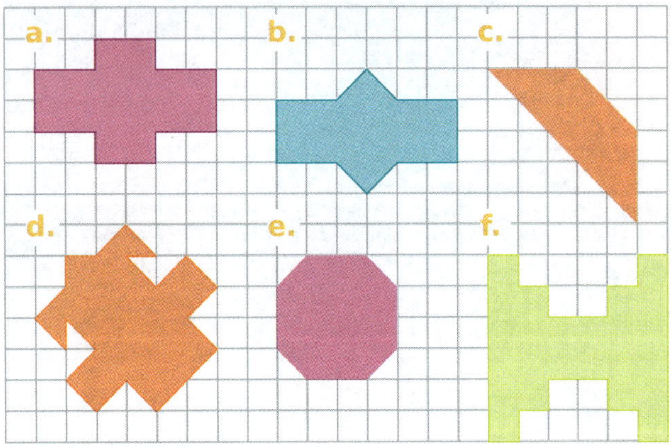

3 Repasse en rouge tous les axes de symétrie des figures suivantes.

Carré

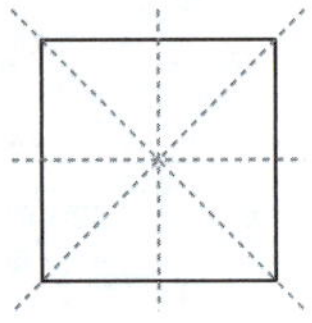

Rectangle

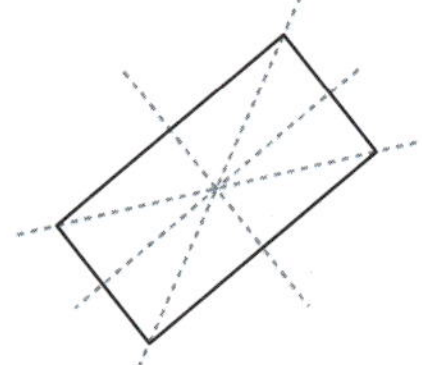

Triangle équilatéral

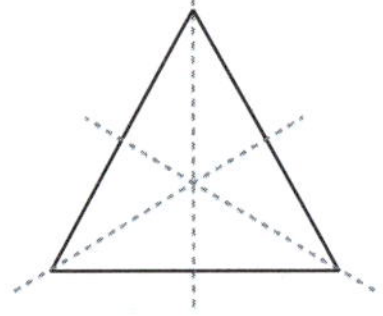

Losange

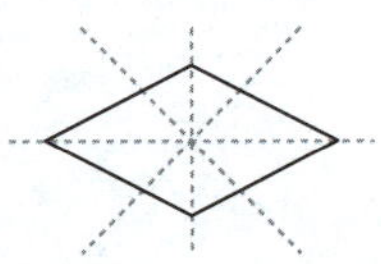

Triangle isocèle

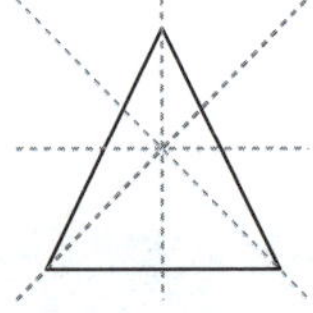

Triangle quelconque

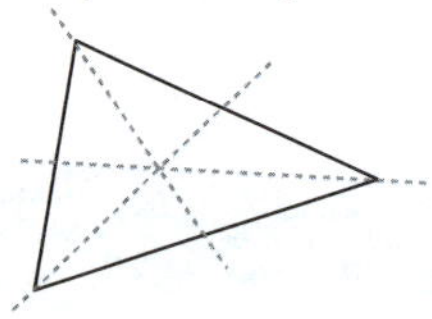

4 Trace tous les axes de symétrie de chaque quadrilatère en t'aidant du papier pointé.

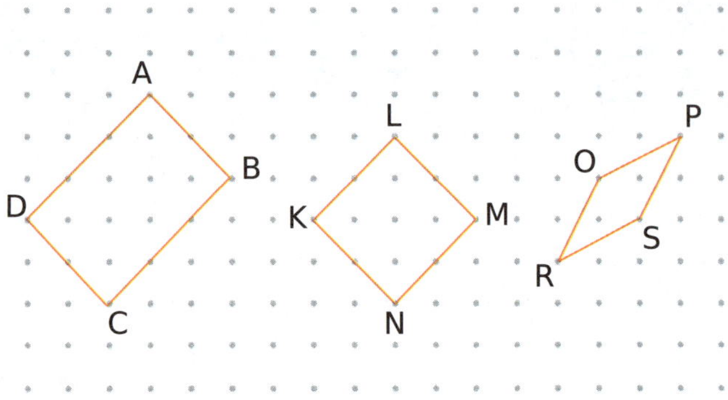

5 Trace l'axe de symétrie de chaque triangle isocèle en t'aidant de tes instruments de géométrie.

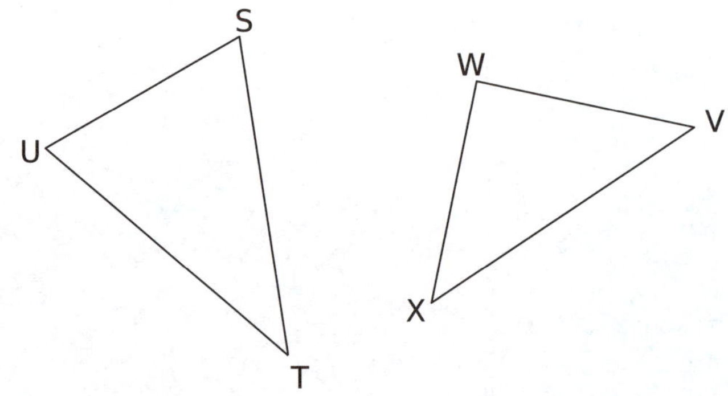

6 Trace un segment [AB] de 5 cm.

Construis un axe de symétrie de ce segment qui ne contient pas A.
Place un point C sur cet axe.

Quelle semble être la nature du triangle ABC ?

....

....

Médiatrice d'un segment

1 Médiatrices ?

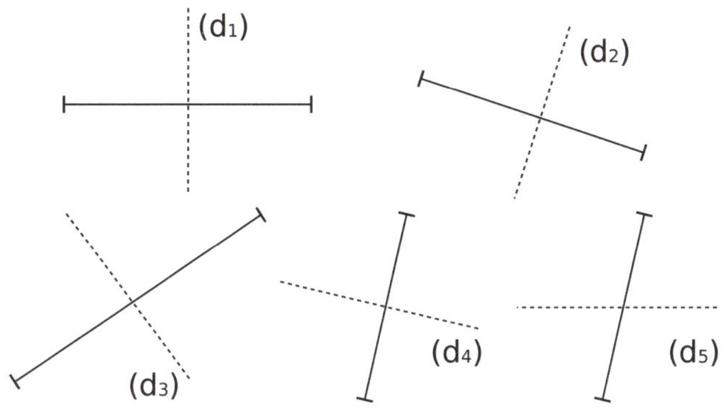

Dans les figures ci-dessus,

a. Cite les droites qui semblent être les médiatrices des segments puis code-les.

....

b. Cite celles qui ne semblent pas l'être. Justifie.

....

....

2 Construis la médiatrice de chaque segment à l'aide de la règle graduée et de l'équerre, puis code chaque figure.

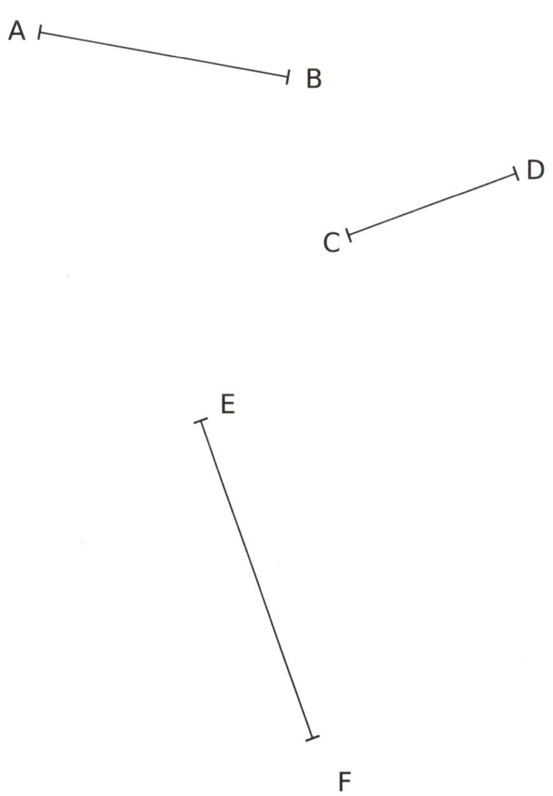

3 Construis la médiatrice de chaque segment au compas et à la règle non graduée.

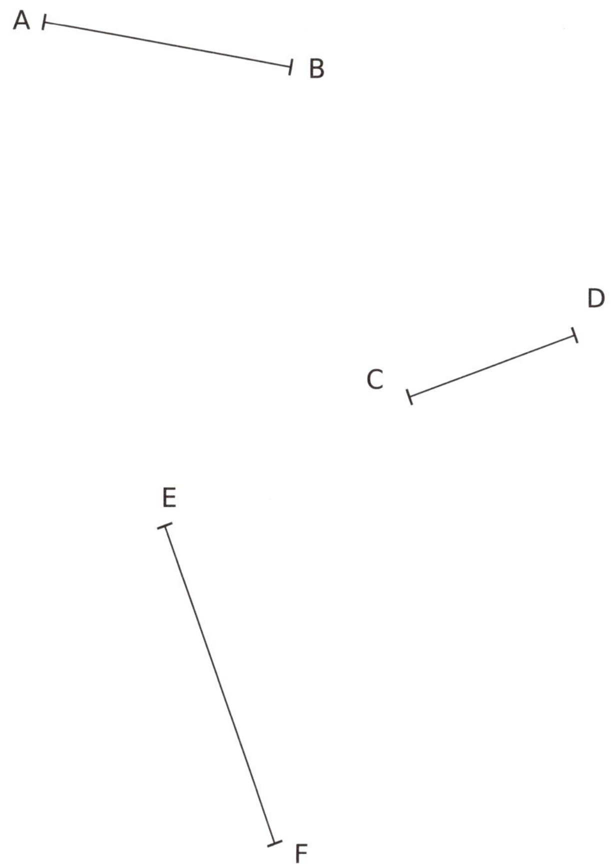

4 Construis les médiatrices des trois côtés du triangle.

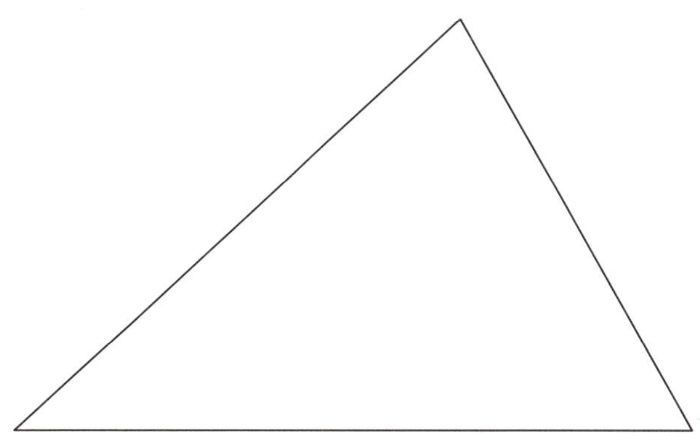

1 Construction sur quadrillage

Sur chaque figure ci-dessous, construis les symétriques des points par rapport à la droite (d).

a.

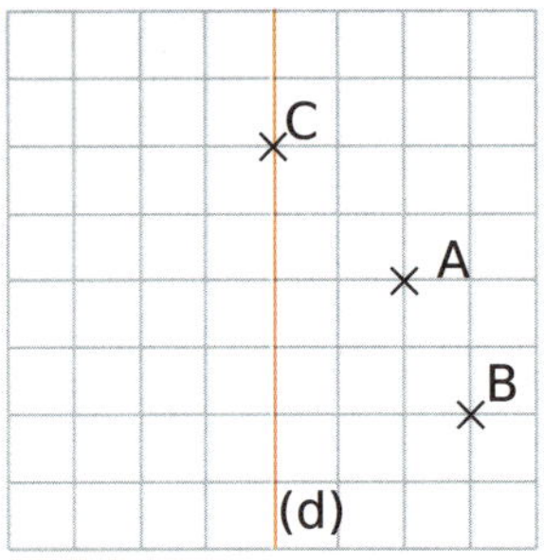

b.

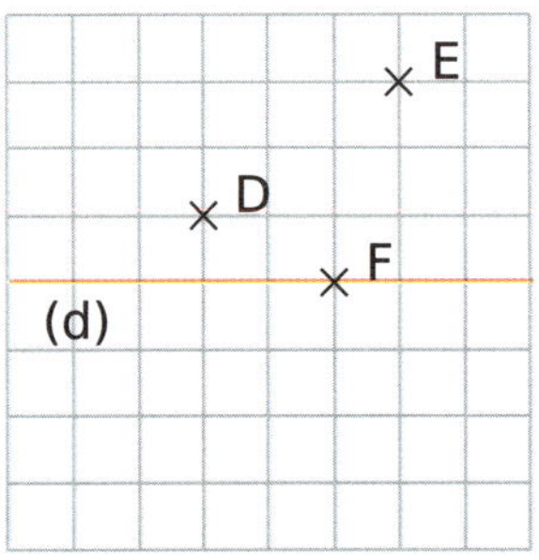

c.

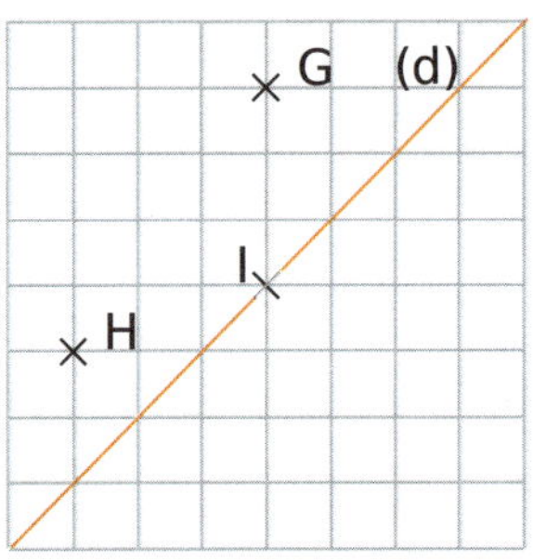

d.

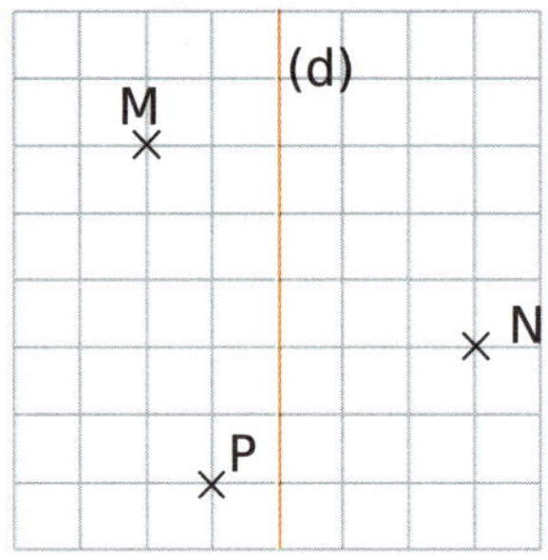

e.

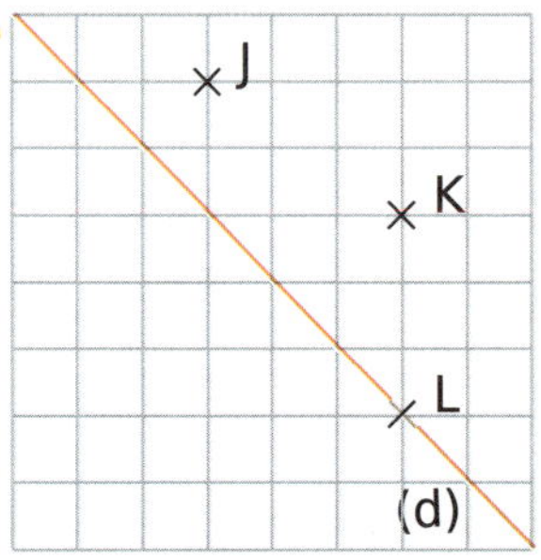

f.

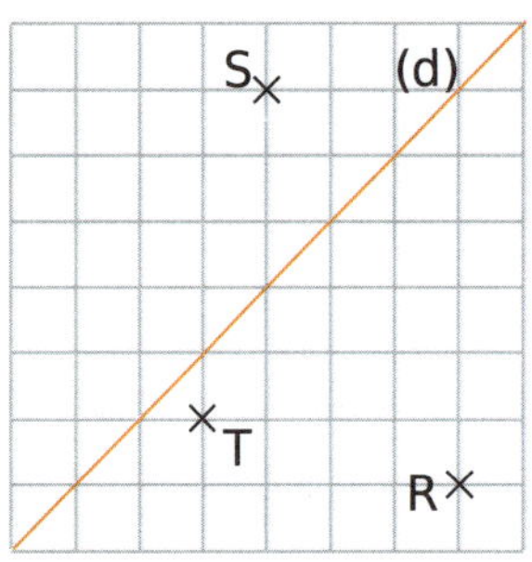

2 Dessine **à main levée** le symétrique de chaque figure par rapport à la droite (d).

a.

b.

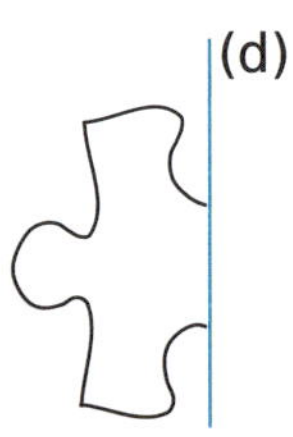

c.

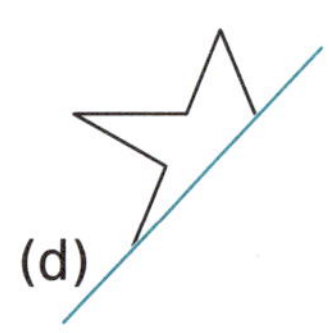

d.

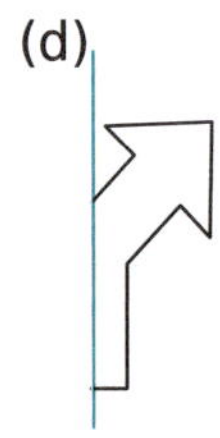

3 Construis le symétrique de ces figures par rapport à la droite (d) en utilisant le papier quadrillé.

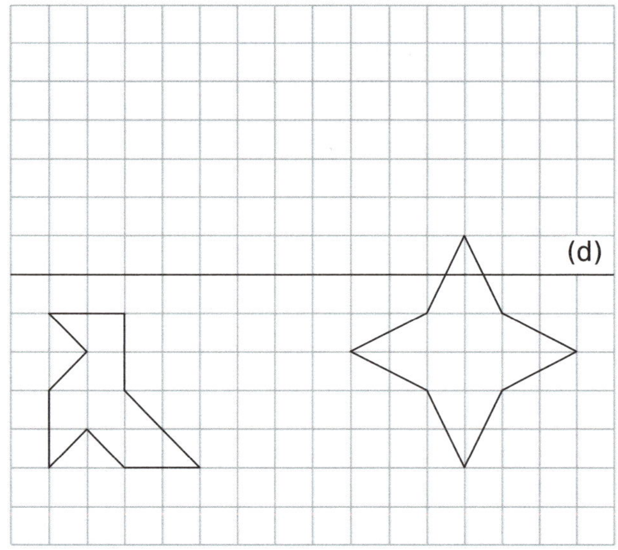

4 Construis le symétrique de ces figures par rapport à la droite (d) en utilisant le papier quadrillé ou pointé.

a.

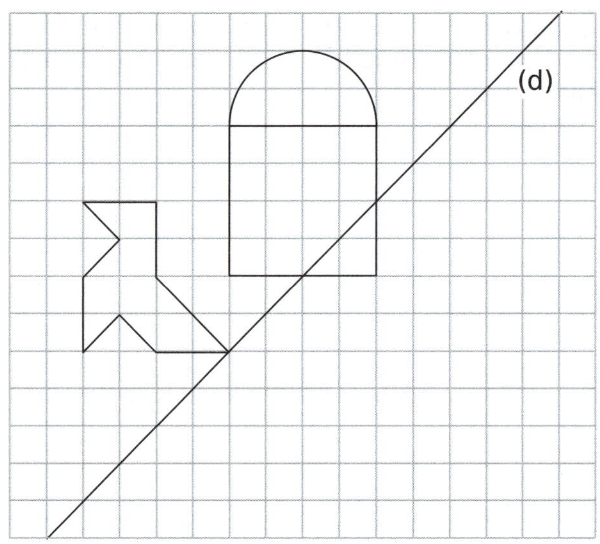

b.

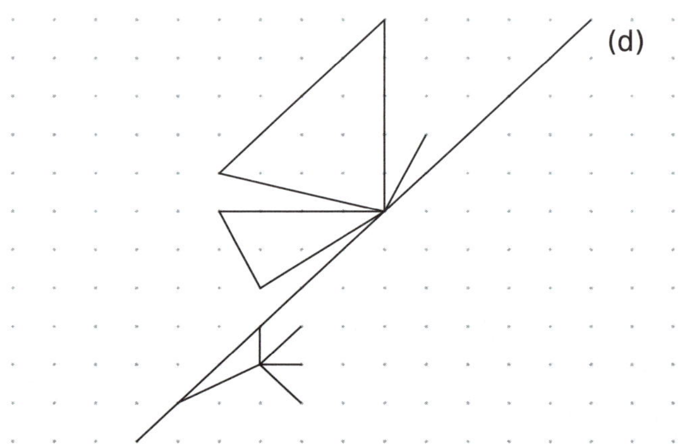

5 En utilisant tes instruments de géométrie, effectue les constructions demandées.

a. le point A′ symétrique du point A par rapport à la droite (d_1) ;

b. le point B′ symétrique du point B par rapport à la droite (d_2) ;

c. le point C′ image du point C par la symétrie d'axe (d_3) ;

d. le point D′ image du point D par la symétrie d'axe (d_4) ;

e. le point E′ tel que E et E′ soient symétriques par rapport à la droite (d_3) ;

f. le point F′ tel que F et F′ soient symétriques par rapport à la droite (d_4).

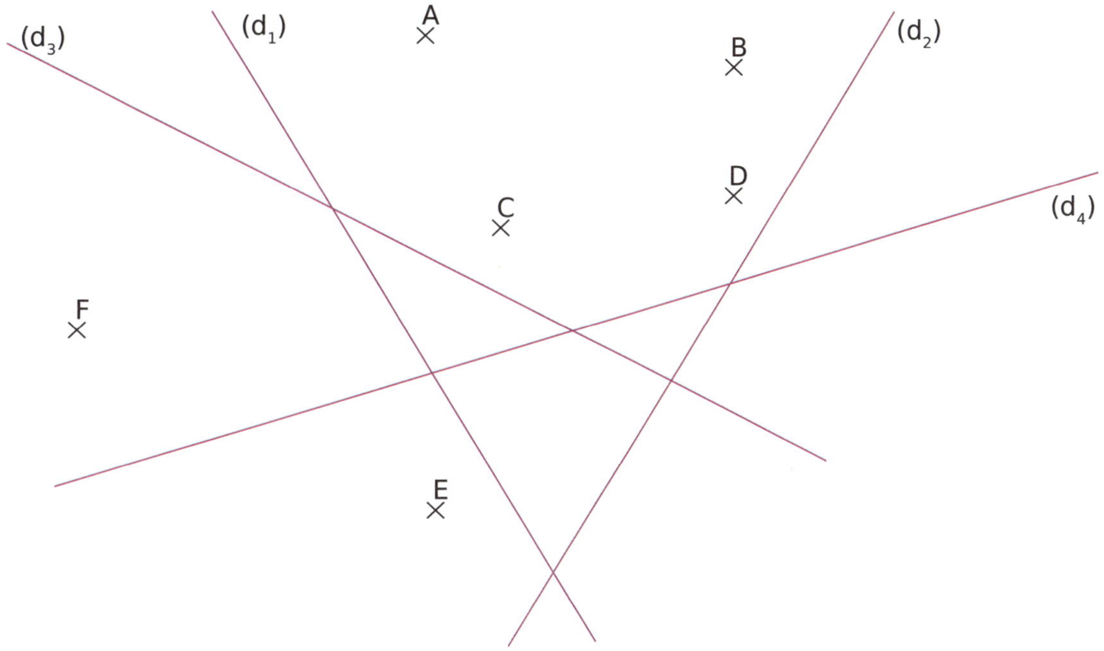

6 Trace le symétrique du segment [AB], du cercle de centre C, de la droite (DE) et du triangle IJT rectangle en J par rapport à la droite (d).

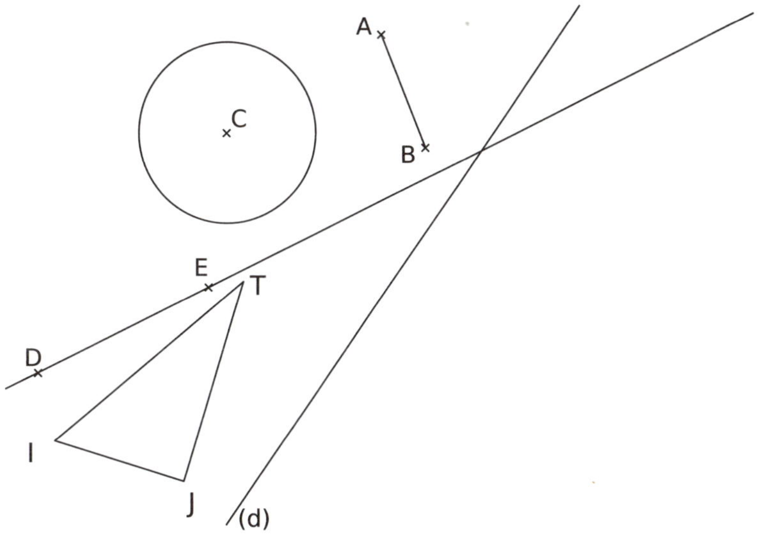

Série 4 Axes de symétrie de figures

1 Construis un rectangle RSTU de centre O et tel que (d) soit un de ses axes de symétrie.

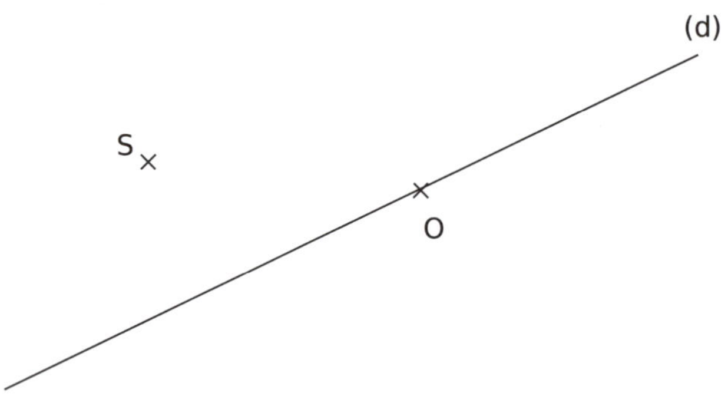

2 Malik a imaginé la figure ci-dessous pour construire un rectangle ABCD, tel que la droite (d) soit un de ses axes de symétrie et le point C appartienne à la droite (d_1). Aide Malik à construire son rectangle ABCD.

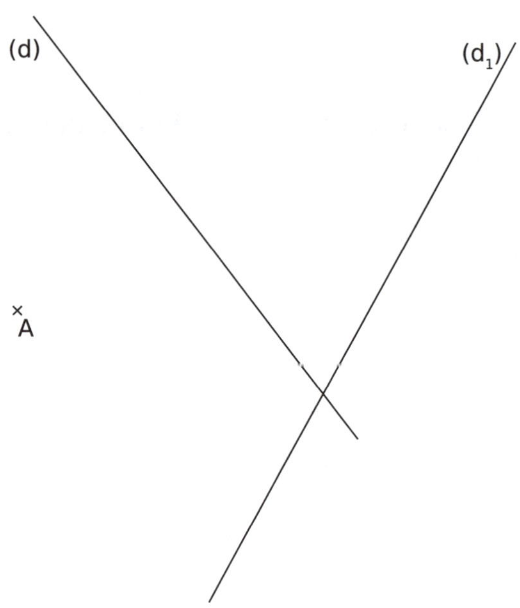

3 Construis un rectangle CHAT tel que (d) soit un de ses axes de symétrie et que B ∈ [CH].

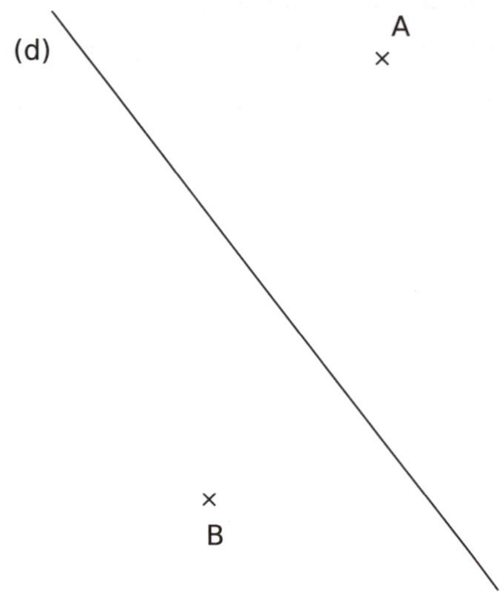

4 Construis un losange ANGE tel que (d) soit un de ses axes de symétrie et NE = 6 cm.

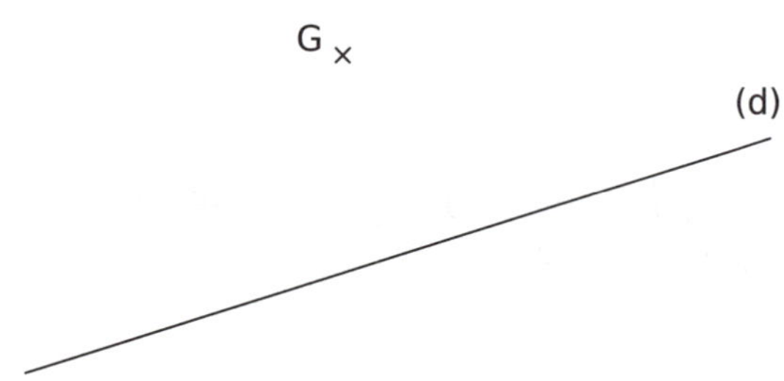

5 Construis un carré NORD tel que (d) soit un de ses axes de symétrie et O ∈ (d).

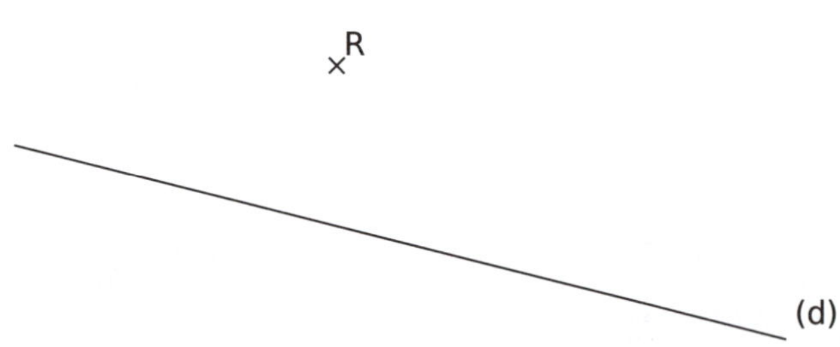

Série 5 Propriétés

1 Dans chaque cas, les deux figures sont symétriques par rapport à la droite (d). À partir des indications fournies dans la figure initiale, déduis-en des informations sur la figure symétrique. Choisis alors la propriété correspondante qui permet de justifier tes réponses.

P1 La symétrie axiale conserve les longueurs.

P2 Si deux cercles sont symétriques par rapport à une droite, alors ils ont le même rayon.

P3 La symétrie axiale conserve les mesures des angles.

P4 Si deux figures sont symétriques par rapport à une droite, alors elles ont la même aire et le même périmètre.

Figure 1

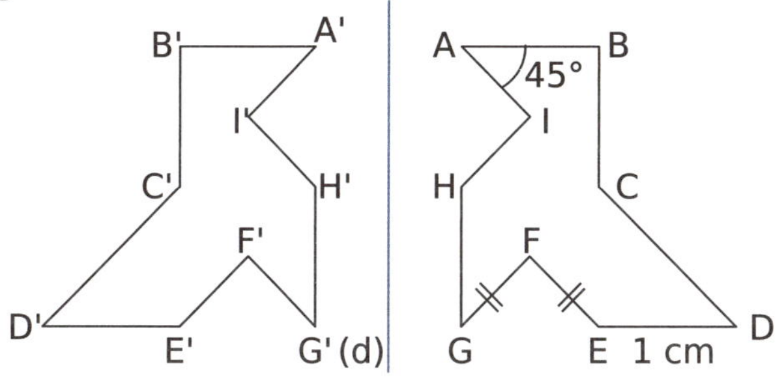

Figure 2

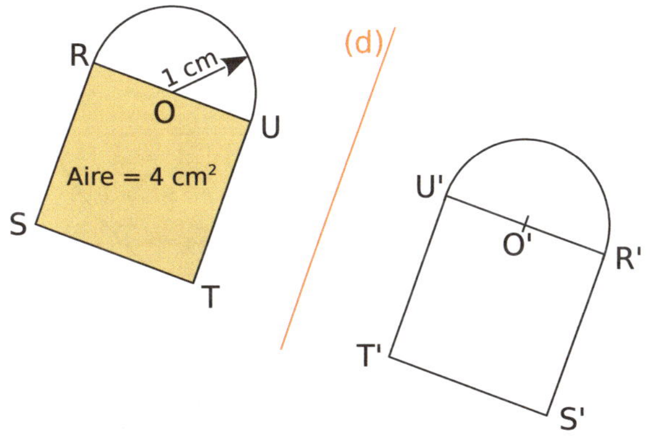

Figure 1 :

a. D'après la propriété ...... , on en déduit que :

....

....

....

....

....

....

b. D'après la propriété ...... , on en déduit que :

....

....

....

....

....

....

Figure 2 :

c. D'après la propriété ...... , on en déduit que :

....

....

....

....

....

....

....

....

d. D'après la propriété ...... , on en déduit que :

....

....

....

....

....

....

....

....

Pour aller plus loin

1 Un laser, placé en A, émet un rayon lumineux. On souhaite que ce rayon soit dévié vers B, sachant que la lumière emprunte toujours le plus court chemin.
Où placer le miroir M (qui est positionné sur (d)) pour arriver à nos fins ?

2 **Billard**

Où la boule blanche doit-elle frapper les deux bandes pour atteindre la boule rouge, sachant que la boule emprunte le plus court chemin ?

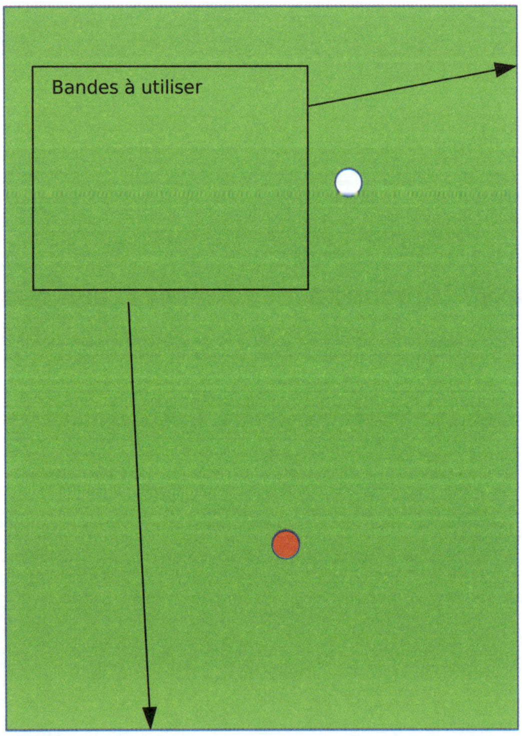

3 Trouve le plus court chemin pour aller de A à B en passant par les deux rivières (d_1) et (d_2).

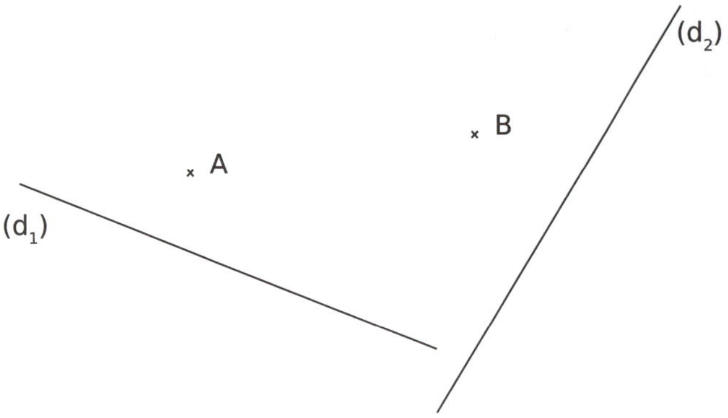

4 Retrouve le centre du cercle.

Résoudre des problèmes

P1

Série 1 Résoudre des problèmes

1 À la fête de l'école, Simon va distribuer des sacs contenant 12 bonbons chacun. Il a 1 000 bonbons en tout.

a. Combien de bonbons manque-t-il pour réaliser un sac supplémentaire ?

....

....

....

b. Simon se rend compte qu'il n'a que 600 bonbons. Combien de bonbons peut-il alors mettre dans chaque sac ?

....

....

....

2 Dans un collège, 163 élèves sont inscrits à l'UNSS. Le responsable veut acheter un maillot pour chacun des inscrits. Les maillots sont vendus par lot de 14.

a. Combien de lots doit-il acheter ?

....

....

....

b. Combien de maillots ne seront pas distribués ?

....

....

....

3 Un randonneur part en promenade à 9 h 30. Il rentre à 12 h 05, ne s'étant arrêté pour se reposer que lors de trois pauses de 5 minutes chacune. Pendant combien de temps ce randonneur a-t-il marché ?

....

....

....

4 Un fleuriste dispose de 48 roses et 56 tulipes. Il souhaite réaliser des bouquets tous identiques et utiliser toutes ses fleurs.

a. Donne les différentes possibilités.

....

....

....

b. Il souhaite faire le plus possible de bouquets. Indique alors la composition et le nombre de bouquets à réaliser.

....

....

....

5 Michel achète un ticket de bus à 2,20 € et un carnet de 10 tickets. Il a payé en tout 23,20 €.

a. Combien a-t-il payé pour le carnet de 10 tickets ?

....

....

....

b. Pour les déplacements de ses enfants, Michel doit acheter 35 tickets.
Combien doit-il alors payer ?

....

....

....

....

6 La documentaliste du C.D.I. d'un collège reçoit 390 livres qu'elle doit ranger sur des étagères. Elle ne peut transporter que 14 livres à la fois.

a. Combien de voyages devra-t-elle faire au minimum ?

....

....

....

b. Combien de livres transportera-t-elle au dernier voyage ?

....

....

....

7 Quatre ouvriers mettent 12 jours pour réaliser un travail.
Dans les mêmes conditions, combien de temps mettraient six ouvriers pour réaliser ce travail ?

....

....

....

....

....

Résoudre des problèmes

8 Le prix d'un séjour à la montagne est de 23 € par personne et par jour.

a. Quel est le prix d'un séjour pour un groupe de 10 personnes par jour ?

....

....

....

b. Quel est le prix d'un séjour pour un groupe de 5 personnes pour 6 jours ?

....

....

....

9 Pour réaliser 30 crêpes, Madame Titi achète 500 g de farine, 6 œufs, 1 litre de lait et 50 g de beurre.

a. Quelles sont les quantités nécessaires d'ingrédients, pour qu'elle réalise 15 crêpes ?

....

....

....

b. Quelles sont les quantités nécessaires d'ingrédients à prévoir pour réaliser 45 crêpes ?

....

....

....

....

10 Avec 2,5 L de peinture, Luc peint 30 m². Réponds aux questions suivantes (tu peux utiliser un tableau de proportionnalité).

a. Quelle surface Luc peut-il peindre avec 8 L de peinture ?

....

....

....

....

b. Quelle quantité de peinture faut-il à Luc pour peindre 84 m² ?

....

....

....

11 Pour faire une boisson à la menthe, Sacha mélange 3 volumes de sirop pour 7 volumes d'eau. Lilou mélange 4 volumes du même sirop pour 9 volumes d'eau.
Qui obtient la boisson la plus sucrée ? Justifie.

....

....

....

12 Est-il plus intéressant d'acheter un lecteur DVD à 40 € avec une remise de 5 % ou ce même lecteur DVD à 48 € avec une remise de 20 % ? Justifie.

....

....

....

13 Un couturier dispose de rouleaux de ruban de 10 m de long. Il souhaite découper des morceaux de 50 cm de long pour orner les robes de sa nouvelle collection.
Combien de morceaux de ruban peut-il obtenir avec un rouleau ?

....

....

....

14 Une salle de classe

a. Une salle de classe est un rectangle de 8 m par 5 m. Quelle est son aire ?

....

....

b. La classe est composée de 25 élèves. De quelle aire dispose chaque élève ?

....

....

15 Une feuille format A4 est un rectangle de 21 cm par 29,7 cm.

a. Quelle est l'aire de cette feuille ?

....

....

....

b. Le grammage de cette feuille étant de 150 g/m² (150 g pour 1 m²). Calcule la masse d'une feuille.

16 Les carreaux utilisés dans le métro parisien mesurent 15 cm sur 7,5 cm.

a. Quelle est l'aire d'un carreau?

b. Simon souhaite recouvrir un mur de sa cuisine avec ces carreaux. Sachant que la surface à recouvrir est un rectangle de 12,5 m², combien de carreaux devra-t-il poser ?

17 Amandine a payé 14,40 € pour 3 kg de pommes. Quel est le prix au kg ?

18 Un bassin de 10 000 L est rempli d'eau. Deux mois plus tard, du fait de l'évaporation, il ne reste, à l'intérieur, plus que 370 L d'eau. Quel volume d'eau s'est évaporé ?

19 Laurie souhaite acheter 2,5 kg de poires qui coûtent 2,99 euros le kg. Elle dispose d'un billet de 10 euros.
A-t-elle assez d'argent pour payer ? Justifie.

20 Un parallélépipède rectangle a pour volume 79,56 m³ . Les dimensions de sa base sont de 3 m et 6,8 m. Quelle est sa hauteur ?

21 Un aquarium a la forme d'un pavé droit dont la base est un rectangle de 35 cm de long et 18 cm de large. Sa hauteur est de 22 cm.
On y verse de l'eau jusqu'aux deux tiers de sa hauteur.
Quel est le volume d'eau versé (en litres) ?

22 Une course de voiture de 240 km se déroule sur un circuit de 5 km. Un concurrent a fait 41,5 tours. Combien de kilomètres lui reste-t-il à accomplir ?

23 Nombres inconnus

a. Je suis un nombre entier compris entre 20 et 75. La somme de mes chiffres est divisible par 7. Qui suis-je ?

b. Je suis un nombre entier compris entre 10 et 60. Le produit de mes chiffres est un multiple de 9.
Qui suis-je ? (Donne toutes les possibilités).

24 Un fermier élève 30 vaches qui lui donnent chacune en moyenne 18 litres de lait par jour. Un litre de lait fournissant 40 g de beurre, combien de beurre obtiendra-t-il en un mois de 30 jours ?